WOLFGANG THEOBALD (Hrsg.)

Entwicklungen zur Durchgriffs- und Konzernhaftung

Schriften zum Wirtschaftsrecht

Band 152

Entwicklungen zur Durchgriffs- und Konzernhaftung

Tagungsbeiträge eines Symposions des Vereins für Wirtschaftsrecht und Rechtssoziologie Berlin und Gießen e.V., veranstaltet am 5. Mai 2000 in Gießen

Herausgegeben von

Wolfgang Theobald

mit Beiträgen von

Peter W. Heermann, Georg Wiesner und Rüdiger Veil

Duncker & Humblot · Berlin

Bibliografische Information Der Deutschen Bibliothek

Die Deutsche Bibliothek verzeichnet diese Publikation in
der Deutschen Nationalbibliografie; detaillierte bibliografische
Daten sind im Internet über <http://dnb.ddb.de> abrufbar.

Fremddatenübernahme: Klaus-Dieter Voigt, Berlin
Druck: Berliner Buchdruckerei Union GmbH, Berlin
Printed in Germany

ISSN 0582-026X
ISBN 3-428-10764-0

Gedruckt auf alterungsbeständigem (säurefreiem) Papier
entsprechend ISO 9706 ♾

Vorwort

Der vorliegende Band „Entwicklungen zur Durchgriffs- und Konzernhaftung" fasst die Beiträge der gleichnamigen Tagung zusammen, die der Verein für Wirtschaftsrecht und Rechtssoziologie Berlin und Gießen e.V. am 5.5.2000 in Gießen durchgeführt hat. Diese Tagung war Herrn Prof. Dr. Thomas Raiser zu dessen 65. Geburtstag gewidmet. Seine Schüler, die durchweg Mitglieder des genannten Vereins sind, haben sich bei dieser Tagung mit einem Fragenkreis auseinandergesetzt, der traditionell nicht nur in Rechtsprechung und Literatur im Fluss ist, sondern der auch ihren akademischen Lehrer Thomas Raiser wissenschaftlich stets beschäftigt hat. Davon zeugen nicht nur seine Veröffentlichungen; auch in ungezählten Seminaren und Diskussionen mit seinen Mitarbeitern hat er das Interesse an diesen Fragen geweckt und – wie der Band belegt – auch erhalten. Über diese fachliche Seite hinaus war aber gerade die persönliche Verbundenheit mit Herrn Prof. Dr. Raiser Anlass der Tagung. Diese persönliche Verbundenheit, die bis in die Studien- und Assistentenzeit der Tagungsteilnehmer und damit über viele Jahre, teils sogar über Jahrzehnte zurückreicht, ist unverändert geblieben. Sie ist Beleg für die menschliche Kraft von Herrn Prof. Dr. Raiser. Als Herausgeber freue ich mich deshalb, diesen Band im Namen aller Tagungsteilnehmer unserem verehrten Lehrer zu widmen.

Frankfurt am Main, im Januar 2002 *Wolfgang Theobald*

Inhaltsverzeichnis

Prof. Dr. *Peter W. Heermann*, LL.M., Bayreuth: Materielle Unterkapitalisierung und sog. Haftungsdurchgriff. Überlegungen zum Anwendungsbereich, zu den dogmatischen Grundlagen und zu den Tatbestandsvoraussetzungen 11

I. Einleitung 11

II. Ausgangsüberlegungen 14
1. Grundsatz: Eigenverantwortliches Handeln 15
2. Thesen 16
3. Folgerung der h. M.: Einstandspflicht der Gesellschafter für eine Unterkapitalisierung 17
4. Vorläufige Stellungnahme 18

III. Haftung der Gesellschafter einer GmbH 19
1. Allgemeine Haftungstatbestände 19
a) Vertragliche Mithaftung 19
b) Verschulden bei Vertragsabschluss (§§ 311 Abs. 2, 241 Abs. 2, 280 BGB n. F.) 19
c) Positive Forderungsverletzung (§ 280 BGB n. F.) 20
d) Rechtsscheinhaftung 21
e) Vorsätzliche sittenwidrige Schädigung (§ 826 BGB) 21
2. Spezielle Haftungstatbestände 21
a) Insolvenzverschleppungshaftung (§ 823 Abs. 2 BGB i. V. m. § 64 Abs. 1 GmbHG) 21
b) Eigenkapitalersatzrecht (§§ 30 ff. GmbHG) 23
c) Haftung nach den Grundsätzen des qualifiziert faktischen Konzerns . 23
3. Teilnehmerhaftung 25
4. Zwischenergebnis 25

IV. Haftung der Gesellschafter aufgrund materieller Unterkapitalisierung 26
1. Vorbemerkung 26
2. Organhaftung; Treuepflicht 27
3. Normzwecklehre 28
a) Meinungsstand 28
b) Normzweck der Kapitalausstattungsvorschriften 29
c) Stellungnahme 30
4. Theorie des institutionellen Rechtsmissbrauchs 34
a) Meinungsstand 34

b) Würdigung der argumentativen Ansätze 35
c) Fazit 36
5. Ökonomische Analyse des Haftungsdurchgriffs im Gesellschaftsrecht ... 37
6. Ansatz der Rechtsprechung 38
a) Meinungsstand 38
b) Vorsatz i.S.d. § 826 BGB 41
c) Fazit 42
7. Zwischenergebnis und abschließende Bewertung 43

V. Folgeprobleme 44
1. Bestimmung einer Unterkapitalisierung 44
2. Maßgeblicher Zeitpunkt (anfängliche/nachträgliche Unterkapitalisierung) 46
3. Kausalität und Zurechenbarkeit 47
4. Erfordernis subjektiver Kriterien? 50
5. Außen- oder Innenhaftung? 51
6. Umfang der Haftung 53
7. Kenntnis der Gläubiger von der Unterkapitalisierung 54

VI. Zusammenfassung 56

Dr. *Georg Wiesner*, Düsseldorf: Materielle Unterkapitalisierung – ein überflüssiges Institut? 59

I. Einleitung 59

II. Stand der Diskussion 60
1. Rechtsprechung 60
a) Ordentliche Gerichte 60
b) Bundesarbeitsgericht 61
c) Bundessozialgericht 62
2. Literatur 62

III. Kritik an der herrschenden Lehre 63
1. Methodische Probleme 63
2. Dogmatische Probleme 65
3. Wertentscheidung der Normzwecklehre 66
4. Rechtspolitische Schutzlücken ohne materielle Unterkapitalisierung? ... 68
a) Gläubigerbenachteiligung (§ 826 BGB) 68
b) Konzernrechtliche Haftung 69
c) Sonstige Anspruchsgrundlagen 72

IV. Zusammenfassung 72

Friedrich Rosenstock, **Berlin: Bericht über die Diskussion der Referate Heermann und Wiesner** ... 73

Dr. ***Rüdiger Veil,*** **Berlin: Haftung in der Betriebsaufspaltung. Thesen zum Haftungsverbund von Konzernschwestern im Unterordnungs- und Gleichordnungskonzern** ... 81

I. Einleitung ... 81

II. Gefahrenpotentiale für Gläubiger ... 83

III. Gläubigerschutz durch allgemeines Gesellschaftsrecht ... 84

1. Die Regeln über eigenkapitalersetzende Gesellschafterleistungen ... 85
   a) Eckdaten ... 85
   b) Rechtsfolgen einer eigenkapitalersetzenden Gebrauchsüberlassung ... 86
      aa) Rechtsprechungsgrundsätze ... 86
      bb) Effektivität des Verwertungsrechts ... 87
   c) Fazit ... 88
2. Schutz der Arbeitnehmer ... 89
   a) Haftung der Anlagegesellschaft bei Aufspaltung des Unternehmens nach den Vorschriften des Umwandlungsgesetzes (§ 134 UmwG) ... 89
   b) Haftung der Besitzgesellschaft analog § 134 UmwG bei Betriebsaufspaltungen im Wege der Einzelrechtsnachfolge ... 90
3. Fazit ... 92

IV. Gläubigerschutz durch Konzernrecht ... 92

1. Meinungsstand ... 92
2. Fokussierung der Konzernrechtsdiskussion auf vertikale Konzernrechtsverhältnisse ... 94
3. Konzeption der Haftungsverhältnisse in gleichgeordneten Konzernrechtsbeziehungen ... 98
   a) Haftungsmodelle ... 98
   b) Pflichten der Konzernunternehmen bei faktischer Gleichordnung ... 100
   c) Qualifizierte faktische Gleichordnung ... 102
      aa) Legitimation eines durch Globalhaftung begründeten Bestandsschutzes ... 102
      bb) Umfang der Haftung ... 103
         (1) Wertungsgrundlagen des beschränkten Verlustausgleichs ... 104
         (2) Verlustausgleich im qualifizierten faktischen Gleichordnungskonzern ... 105
      cc) Zwischenergebnisse ... 106
4. Neuorientierung bei der Einordnung von Konzernrechtsverhältnissen ... 107
5. Vertikaler und horizontaler Ausgleich in der Betriebsaufspaltung ... 109
   a) Einordnung der Betriebsaufspaltung als Unterordnungs- und/oder Gleichordnungskonzern ... 109

aa) Aufspaltung eines Unternehmens in eine Besitz- und Betriebsgesellschaft ... 109
bb) Aufspaltung eines Unternehmens in eine Vertriebs- und Produktionsgesellschaft ... 110
b) Verhältnis von horizontaler und vertikaler Haftung ... 111

V. Zusammenfassung der Ergebnisse in Thesen ... 111

Tobias Bage, **Berlin: Bericht über die Diskussion des Referats Veil** ... 115

Materielle Unterkapitalisierung und sog. Haftungsdurchgriff

Überlegungen zum Anwendungsbereich, zu den dogmatischen Grundlagen und zu den Tatbestandsvoraussetzungen

Von Prof. Dr. Peter W. Heermann, LL.M. (Universität Bayreuth)

I. Einleitung

Die besondere Attraktivität der Gesellschaft mit beschränkter Haftung beruht sicherlich auf vielerlei Gründen. Ein für die Gesellschafter wesentliches Motiv für die Wahl gerade dieser Gesellschaftsform lässt sich der Vorschrift des § 13 Abs. 2 GmbHG entnehmen: „Für Verbindlichkeiten der Gesellschaft haftet den Gläubigern derselben nur das Gesellschaftsvermögen."

Diese klar formulierte Norm eröffnet eigentlich keinen Raum für unterschiedliche rechtliche Interpretationen. Daher glaubten sich Gesellschafter einer GmbH im Hinblick auf ihre Haftung auch dann noch in einem sicheren Hafen, als sich die GmbH als die mit Abstand konkursanfälligste Unternehmensform herausstellte.[1] Diese aus der Selbständigkeit der juristischen Person resultierende Erwartung der Gesellschafter ist jedoch vielfach enttäuscht worden, denn das wissenschaftliche Schrifttum und in zunehmendem Maß auch die Judikatur haben seit langem das den Gesellschaftern in § 13 Abs. 2 GmbHG eingeräumte Haftungsprivileg von vielen Seiten zugleich angegriffen. Als eine zentrale Ursache der zahlreichen Insolvenzen wurde die geringe Eigenkapitalausstattung zahlreicher Gesellschaften mit beschränkter Haftung ermittelt, die nur selten über den Mindestbetrag (25.000 Euro, § 5 Abs. 1 GmbHG) hinausgeht.[2] Wenn sodann das Eigenkapital aus wirtschaftlichen Gründen aufgezehrt ist, sind Kapitalgesellschafter aufgrund ihres Haftungsprivilegs nur noch in geringem Maße motiviert, die Insolvenz zu vermeiden. Sobald die Gesellschafter ihren begrenzten Kapi-

[1] Siehe hierzu stellvertretend *Roth,* ZGR 1993, 170, 170 f. m.w.N.; zu weiteren Nachweisen und Daten siehe auch *Weitbrecht,* Haftung der Gesellschafter bei materieller Unterkapitalisierung der GmbH, 1990, S. 2 m.w.N.

[2] *Fleck,* FS 100 Jahre GmbH-Gesetz, 1992, S. 392; *Haas,* Geschäftsführerhaftung und Gläubigerschutz, 1997, S. 146; *Weitbrecht* (Fußn. 1), S. 16.

taleinsatz verloren haben, liegt die Gefahr eines Missbrauchs des Haftungsprivilegs nicht fern. Vielfach wiederholt sich dieses Schicksal, weil nicht selten alsbald die Gründung der nächsten GmbH mit geringen wirtschaftlichen Überlebenschancen oder gar einer ganzen GmbH-Stafette erfolgt.

Angesichts dieser Entwicklungen kann es nicht verwundern, dass schon lange nach Wegen gesucht worden ist, Durchbrechungen des Haftungsprivilegs, welches die Gesellschafter einer GmbH genießen, zu rechtfertigen. Von den verschiedenen, schon seit Jahren diskutierten Durchgriffslagen – Vermögensvermischung,[3] Sphärenvermischung,[4] Institutsmissbrauch,[5] Unterkapitalisierung – soll nachfolgend die letztgenannte Konstellation, d.h. die Durchgriffshaftung aufgrund materieller Unterkapitalisierung, im Vordergrund der Erwägungen stehen. Diese Fallgruppe hat im wissenschaftlichen Schrifttum besondere Beachtung gefunden,[6] was nicht nur auf die herausfordernde rechtliche Problemstellung, sondern auch auf die erhebliche praktische Relevanz zurückzuführen ist. Zuletzt hat man auch unter Hinweis auf die aufsehenerregende „Centros"-Entscheidung des EuGH[7] gefordert, der Anwendungsbereich der Durchgriffshaftung müsse auf deutsche Zweignie-

---

[3] Siehe zu dieser Konstellation *Hueck/Fastrich* in: *Baumbach/Hueck,* Kommentar zum GmbHG, 17. Aufl., 2000, § 13 Rz. 15; *Boujong,* FS Odersky, 1996, S. 739, 742; *Ehricke,* AcP 199 (1999), 257, 289–299; *Emmerich* in: *Scholz,* Kommentar zum GmbHG, Band I, 9. Aufl., 2000, § 13 Rz. 77, 91 f.; *Lutter/Hommelhoff,* Kommentar zum GmbHG, 15. Aufl., 2000, § 13 Rz. 10; *Th. Raiser,* Recht der Kapitalgesellschaften, 3. Aufl., 2001, § 29 Rz. 23; *Roth/Altmeppen,* Kommentar zum GmbHG, 3. Aufl., 1997, § 13 Rz. 19 f.

[4] Siehe hierzu *Baumbach/Hueck* (Fußn. 3), § 13 Rz. 15; *Ehricke,* AcP 199 (1999), 257, 299–301; *Mertens* in: *Hachenburg,* Kommentar zum GmbHG, 8. Aufl., 1989, Anh. § 13 Rz. 49 ff.; *Lutter/Hommelhoff* (Fußn. 3), § 13 Rz. 11; *Rowedder* in: *Rowedder,* Kommentar zum GmbHG, 3. Aufl., 1997, § 13 Rz. 23.

[5] Siehe etwa *Ehricke,* AcP 199 (1999), 257, 301–303; *Lutter/Hommelhoff* (Fußn. 3), § 13 Rz. 12; *Stimpel,* FS Goerdeler, 1987, S. 603, 610 ff.

[6] *Banerjea,* ZIP 1999, 1153 ff.; *Benne,* Haftungsdurchgriff bei der GmbH, 1978, S. 61 ff.; *Boujong,* FS Odersky, 1996, S. 739, 745 ff.; *Ehricke,* AcP 199 (1999), 257, 275 ff.; *Geißler,* GmbHR 1993, 71, 76 ff.; *Hachenburg/Ulmer* (Fußn. 4), Anh. § 30; *Lee,* Gläubigerschutz bei der Unterkapitalisierung der GmbH, Diss. Tübingen, 1983; *Th. Raiser,* ZGR 1995, 156, 162 ff.; *Roth/Altmeppen* (Fußn. 3), § 13 Rz. 22 ff.; *Rowedder* (Fußn. 4), § 13 Rz. 27; *K. Schmidt,* Gesellschaftsrecht, 3. Aufl., 1997, § 9 IV 4 (S. 247 ff.); *Scholz/Emmerich* (Fußn. 3), § 13 Rz. 93 f.; *Vonnemann,* Haftung der GmbH-Gesellschafter bei materieller Unterkapitalisierung, 1991; *ders.,* GmbHR 1992, 77 ff.; *Weitbrecht* (Fußn. 1); *Wortmann,* Durchgriffshaftung im Joint-Venture, 1995, S. 133 ff.

[7] EuGH, Urteil vom 9. 3. 1999 – Rs C-212/97 (Højesteret), NJW 1999, 2027 = EuZW 1999, 216 = NZG 1999, 298 m. Anm. *Leible* = RIW 1999, 447 m. Anm. *Cascante* = DB 1999, 625 m. Anm. *Meilicke* = BB 1999, 809 m. Anm. *Sedemund/Hausmann* = EWiR Art. 52 EGV 1/99 (*Neye*) = DNotZ 1999 m. Anm. *Lange* = MittBayNot 1999 m. Anm. *Görk* = MDR 1999, 752 m. Anm. *Risse* = FR 1999, 449 m. Anm. *Dautzenberg.*

derlassungen derjenigen Kapitalgesellschaften ausgedehnt werden, die im EG-Ausland unter Umgehung deutscher Kapitalaufbringungsvorschriften gegründet worden seien.[8] Deshalb soll die europarechtliche Perspektive der Problematik nachfolgend nicht aus den Augen verloren werden.

Der auf den ersten Blick bestechende Gedanke, die Gesellschafter spätestens im Falle der Insolvenz zu einer – wie auch immer zu bestimmenden – angemessenen Kapitalausstattung anzuhalten oder sogar zu verpflichten, hat indes zwei rechtliche Hürden zu überwinden; denn dadurch wird nicht nur das Haftungsprivileg des § 13 Abs. 2 GmbHG ausgeschaltet, sondern auch die Pflicht der Gesellschafter zur Ausstattung der GmbH mit einem Mindestkapital i. H. v. 25.000 Euro wird darüber hinausgehend je nach den Umständen erheblich verschärft. Trotz – oder: wegen? – der vielen Beiträge scheint die Diskussion zur materiellen Unterkapitalisierung festgefahren.[9] Hierbei handelt es sich um das „wohl brennendste Gläubigerschutzproblem im Zusammenhang mit dem Durchgriff".[10] Und wo es in der wissenschaftlichen Diskussion im Kapitalgesellschaftsrecht ein Feuer zu löschen gilt, da kann der Jubilar nicht fern sein.[11] Aber die Fackeln lodern weiter, ja sie werden in regelmäßigen Abständen aufs Neue entfacht. Immer wieder wird die Judikatur mit Sachverhalten konfrontiert, die eine Anwendung der im Schrifttum im Grundsatz weithin anerkannten Durchgriffshaftung aufgrund materieller Unterkapitalisierung nahegelegt hätten. Indes hat die Rechtsprechung bislang nicht den Forderungen des wissenschaftlichen Schrifttums nach Etablierung oder allgemeiner Anerkennung einer Finanzierungs(folge)-verantwortung[12] der GmbH-Gesellschafter nachgegeben. Vielmehr hat sie viele dieser Fälle auf der Basis der von ihr entwickelten Grundsätze, die im Schrifttum unter der Bezeichnung der „Haftung im qualifiziert faktischen GmbH-Konzern" diskutiert werden[13], gelöst[14] – ein Umstand, auf den nach-

---

[8] In diesem Sinne etwa *Ulmer,* JZ 1999, 662, 665.

[9] *Banerjea,* ZIP 1999, 1153.

[10] *K. Schmidt* (Fußn. 6), § 9 IV 4 a (S. 247).

[11] *Th. Raiser* (Fußn. 3), § 29 Rz. 22 ff. insbes. Rz. 29–31; *ders.,* ZGR 1995, 156, 162 ff. Siehe auch *ders.,* FS Lutter, 2000, S. 637 ff. mit grundlegenden Erwägungen: Die Anerkennung des Verbandes als juristische Person mit der Folge der Haftung mit dem Verbandsvermögen bedeute begrifflich gerade nicht die ausschließliche Haftung mit dem Verbandsvermögen, so wenig wie die Haftung einer natürlichen Person die Mithaftung einer anderen für ihre Schulden ausschließe; die juristische Aufgabe laute, die Lösung der Durchgriffsprobleme auf die prinzipiell uneingeschränkte Gleichstellung der juristischen mit den natürlichen Personen bezüglich ihrer Rechtsfähigkeit aufzubauen.

[12] Siehe hierzu nachfolgend Abschnitt IV. 1 m. w. N. in Fußn. 60.

[13] Siehe zu den Haftungsproblemen, die bislang unter dieser Bezeichnung diskutiert worden sind, *Baumbach/Hueck/Zöllner* (Fußn. 3), Anh. GmbH-Konzernrecht, Rdn. 100 ff.; *Emmerich/Habersack,* Aktien- und GmbH-Konzernrecht, 2. Aufl., 2001, Anh. II, § 318 Rdn. 3 ff.; *Emmerich/Sonnenschein/Habersack,* Konzernrecht,

folgend noch zurückzukommen sein wird. Soweit keine konzernrechtlichen Strukturen nachgewiesen werden können, greifen die Gerichte nur in Ausnahmefällen auf den Haftungstatbestand des § 826 BGB zurück.[15]

Dieses Spannungsverhältnis zwischen den zahlreichen Stimmen der Wissenschaft, die für die Fälle materieller Unterkapitalisierung teils drastische Haftungsverschärfungen postulieren, und der diesbezüglichen – fast an Ignoranz grenzenden – Zurückhaltung der Judikatur soll nachfolgend analysiert werden. Den Ausgangspunkt bildet eine Besinnung auf die dem gesellschaftsrechtlichen Haftungskonzept zugrundeliegenden Grundsätze (II.). Es folgt eine Hinwendung zu der Frage, ob sich überhaupt eine im Wege der Durchgriffshaftung aufgrund materieller Unterkapitalisierung zu füllende Haftungslücke nachweisen lässt (III.). Sodann sollen die bislang entwickelten Begründungsmodelle kritisch gewürdigt werden (IV.), bevor einige teilweise heftig umstrittene rechtliche Folgefragen erörtert werden können (V.). Insgesamt geht es also nicht um die Entwicklung eines neuen Haftungskonzepts, sondern es soll vielmehr eine Konzentration auf die argumentativen Defizite der bisherigen Diskussion erfolgen. Dadurch wird es zu einer weiteren Präzisierung und letztlich auch Beschränkung vorgeschlagener Haftungsmodelle kommen. Kurzum: Keine neuen juristischen Gedankenspiele, sondern Plausibilitätsprüfung der bisherigen Ansätze und Herausfiltern *de lege lata* tragfähiger Lösungskonzeptionen.

II. Ausgangsüberlegungen

Nicht nur im Rechtsverkehr mit Kapitalgesellschaften besteht die Gefahr, dass der Schuldner über unzureichende Finanzmittel verfügt und deshalb seinen Zahlungspflichten nicht nachkommen kann. Stets stellen sich die Fragen, ob und wie sich die Gläubiger im Einzelfall absichern können und ob es darüber hinaus ihres ergänzenden Schutzes durch Maßnahmen der Legislative oder aber Judikative bedarf. Diesem generellen Konflikt liegen rechtliche Wertungen zugrunde, die in der Diskussion um die Durchgriffs-

---

7. Aufl., 2001, § 31; *Lutter/Hommelhoff* (Fußn. 3), Anh. § 13 Rdn. 24 ff.; *Th. Raiser* (Fußn. 3), § 53 Rz. 53 ff.; *K. Schmidt* (Fußn. 6), § 39 III 3 (S. 1220 ff.); *Scholz/Emmerich* (Fußn. 3), Anh. Konzernrecht, Rdn. 91 ff.; Ob und inwieweit die Rechtsprechung an dieser Fallgruppe überhaupt noch festhält, wird nachfolgend vertieft werden.

[14] Vgl. zuletzt BAG ZIP 1996, 333; 1999, 723 (siehe hierzu nachfolgend den Beitrag von *Veil*); OLG Dresden GmbHR 1997, 215 (Leitsatz 3: „Die Verlagerung eines nicht rentablen im Rahmen eines asset-deals erworbenen Unternehmens durch den Unternehmenskäufer auf eine neu gegründete GmbH kann dessen Haftung entsprechend §§ 302, 303 AktG auslösen, wenn die neu gegründete GmbH nicht mit ausreichendem Eigenkapital ausgestattet ist.“).

[15] Siehe hierzu unten die Nachweise in Abschnitt IV. 6.

haftung aufgrund materieller Unterkapitalisierung vielfach aus dem Blickfeld geraten sind. Deshalb werden diese Zusammenhänge verdeutlicht, bevor auf die einzelnen Ansätze zur Begründung des Haftungsdurchgriffs wegen unzureichender Kapitalausstattung einzugehen sein wird.

1. Grundsatz: Eigenverantwortliches Handeln

Jeder Teilnehmer am Rechtsverkehr muss für die Folgen seines Handelns Verantwortung tragen. Diese Risikoverteilung zwischen den Parteien, die zum Verhandlungsgegenstand eines jeden Vertrages gehört,[16] bildet auch im Verhältnis zu einer Kapitalgesellschaft den Grundsatz. Demgegenüber stellt die im Vordergrund der Diskussion stehende Durchgriffshaftung der Gesellschafter eine rechtfertigungsbedürftige Ausnahme dar.

Dieser Grundsatz der Risikoverteilung verdeutlicht, weshalb auch deliktische Gläubiger an ihren Schädiger zu verweisen sind und damit gegebenenfalls das Risiko des Forderungsausfalls auf sich nehmen müssen. Demgegenüber ist verschiedentlich gerade die angebliche Schutzwürdigkeit des Deliktsgläubigers zum Anlass genommen worden, die Forderung nach einer Durchgriffshaftung der Gesellschafter einer GmbH jenseits der Grenzen eines festen Mindeststammkapitals zu begründen.[17] Indes kann der Deliktsgläubiger keinen Anspruch auf einen solventen Schädiger erheben. Denn in allen Fällen der deliktischen Schädigung durch eine GmbH kann der Geschädigte die natürliche Person des unmittelbar Handelnden aus § 823 BGB in Anspruch nehmen. Darüber hinaus kann der Geschädigte unter Umständen gegen eine hinter dem Schädiger stehende juristische Person einen Anspruch erheben und erhält damit einen zweiten Schuldner. Dadurch wird die Rechtsposition des Geschädigten im Prinzip zunächst gestärkt, weil er sich zusätzlich bei einem zweiten Schuldner befriedigen kann, mit dem er im Zeitpunkt der Schädigung nicht rechnen konnte. Freilich existiert in diesen Fällen kein Recht darauf, dass dieser zusätzliche Schuldner eine angemessene Haftungsgrundlage besitzt.[18] Und sollten sich letztlich in Ausnahmefällen beide Schuldner einmal als insolvent erweisen, werden die Schäden vielfach durch Pflichtversicherungen abgedeckt sein.

Auch der EuGH hat in seiner „Centros“-Entscheidung die Eigenverantwortlichkeit zumindest mittelbar angesprochen, indem er hervorhebt, dass neben privaten auch öffentliche Gläubiger rechtlich die Möglichkeit erhalten könnten, sich die erforderlichen Sicherheiten einräumen zu lassen.[19]

---

[16] *Kirchner,* AG 1985, 89, 98; ihm folgend *Weitbrecht* (Fußn. 1), S. 18.

[17] So etwa *Hachenburg/Ulmer* (Fußn. 4), § 30 Anh. Rz. 58; *Wiedemann,* Gesellschaftsrecht, Band 1: Grundlagen, 1980, § 10 IV 3 b (S. 572).

[18] Zutreffend *Weitbrecht* (Fußn. 1), S. 71.

Zwar spricht der EuGH auch einen Haftungsdurchgriff auf die Gesellschafter an, indes knüpft er ein solches Vorgehen an enge Voraussetzungen.[20] Deshalb erscheint auch im Hinblick auf die Rechtsprechung des EuGH eine restriktive Anwendung der Durchgriffshaftung aufgrund materieller Unterkapitalisierung geboten.

2. Thesen

Die Verfechter einer Durchgriffshaftung aufgrund materieller Unterkapitalisierung stützen ihre Ansicht nunmehr auf folgende Thesen:

Erste These: Wer von seiner persönlichen Haftung befreit werden will, muss sich dies erst erkaufen.[21]

Das Stammkapital ist der Preis, der für die Befreiung vom Risiko persönlicher Haftung zu zahlen ist. Allerdings begnügt sich das Gesetz in § 5 Abs. 1 GmbHG mit einem Mindestpreis und stellt damit eine Seriositätsschwelle auf.[22]

Zweite These: Je größer das eigene finanzielle Risiko, desto größer das Verantwortungsbewusstsein.

Die Interessen eines persönlich unbeschränkt haftenden Unternehmers verlaufen regelmäßig parallel zu den Interessen seines Unternehmens und sind letztlich auf ein wirtschaftliches Überleben gerichtet. Damit wird auch den Interessen der Gläubiger gedient, da mit der unbeschränkten Haftung des Unternehmers die Gefahren vorsätzlichen Missmanagements und übersteigerter Risikobereitschaft minimiert werden, ohne letztlich jedoch gänzlich ausgeschlossen werden zu können. Bei einer GmbH kann aufgrund der modifizierten Haftungsstruktur eine vergleichbare Interessenidentität von der wirtschaftlichen Seite her nur in abgeschwächter Form bestehen; denn für die Gesellschafter steht nur ihr begrenzter Kapitaleinsatz und gegebenenfalls ihre berufliche Existenz auf dem Spiel.[23] Diese Überlegungen deuten bereits darauf hin, dass nur eine Form der missbräuchlichen Verwendung einer GmbH, bei der die Risiken bewusst auf

---

[19] EuGH (Fußn. 7), NJW 1999, 2027, 2029 = EuZW 1999, 216, 218 f. = NZG 1999, 298, 299 f. (Tz. 37 unter Bezugnahme auf das Vorbringen in Tz. 32).

[20] EuGH (Fußn. 7), NJW 1999, 2027, 2029 = EuZW 1999, 216, 218 = NZG 1999, 298, 300 (Tz. 38 unter Bezugnahme auf das Vorbringen in Tz. 33).

[21] *Arbeitskreis GmbH-Reform,* Thesen und Vorschläge zur GmbH-Reform, Band II, 1972, S. 12; *Banerjea,* ZIP 1999, 1153, 1158; *Scholz/Winter* (Fußn. 3), § 5 Rz. 20; *Weitbrecht* (Fußn. 1), S. 16 m. w. N. in Fußn. 41.

[22] In diesem Sinne etwa *Hachenburg/Ulmer* (Fußn. 4), Anh. § 5 Rz. 6 f.; *Hirte,* Kapitalgesellschaftsrecht, 3. Aufl., 2001, Rz. 614; *Wiedemann,* DB 1993, 141, 147.

[23] Siehe hierzu etwa *Haas* (Fußn. 2), S. 146; *Roth,* ZGR 1986, 371, 378.

die Allgemeinheit abgewälzt werden, zu einer Haftung wegen Unterkapitalisierung führen kann. Indiz hierfür könnte das Betreiben mehrerer Unternehmen in der Rechtsform einer GmbH sein, von denen nur einzelne insolvent werden.

Zutreffend ist sicherlich auch die Feststellung, dass mit einem zunehmenden Anteil an eigenen Mitteln am Kapitalbedarf der Gesellschaft diese um so eher in die Lage versetzt wird, etwaige Verluste mit eigenen Mitteln aufzufangen und damit der Gefahr einer Überschuldung vorzubeugen.[24] Allerdings vermögen diese Zusammenhänge keine genuin rechtliche Begründung für eine Durchgriffshaftung zu liefern, sondern sind vielmehr Konsequenz der vom Gesetz vorgegebenen Unterscheidung zwischen Personenhandels- und Kapitalgesellschaften.

3. Folgerung der h. M.: Einstandspflicht der Gesellschafter für eine Unterkapitalisierung

Die Verfechter eines Haftungsdurchgriffs auf die Gesellschafter einer GmbH infolge materieller Unterkapitalisierung erkennen diese Thesen im Grundsatz an. Indes fordern sie darüber hinausgehend, dass der Preis für das Haftungsprivileg der Gesellschafter einer GmbH – mithin das Stammkapital – im Ergebnis zumindest annähernd dem unternehmerischen Risiko entsprechen müsse, um dieses in der Krise der Gesellschaft bis zu einem gewissen Grad auffangen zu können. Andernfalls würde die Gefahr des wirtschaftlichen Scheiterns nicht nur vom Gesellschafter- auf das Gesellschaftsvermögen, sondern unmittelbar auf die Gesellschaftsgläubiger verlagert.[25]

Demgegenüber trifft nach der gesetzlichen Grundkonzeption im wesentlichen den oder die Geschäftsführer eine haftungsrechtliche Verantwortung. Es kommt deshalb in der Praxis immer wieder vor, dass sich die Gesellschafter bewusst auf die mit der Unterkapitalisierung verbundenen Risiken in dem Wissen einlassen, dass ihnen nach Erfüllung ihrer Einlagepflicht im Insolvenzfall haftungsrechtlich kein oder kaum Ungemach droht. Und die Haftung der Geschäftsführer erweist sich in solchen Situationen zumeist als unzureichend. Derartigen Missbräuchen könnte eine Durchgriffshaftung in der Tat entgegenwirken.

---

[24] *Ehricke,* AcP 199 (1999), 257, 280 Fußn. 102; *Vonnemann* (Fußn. 6), S. 31 ff.; *ders.*, GmbHR 1992, 77, 78; *Weitbrecht* (Fußn. 1), S. 2 f.

[25] Siehe zuletzt stellvertretend für viele *Banerjea,* ZIP 1999, 1153, 1158; zu den einzelnen gedanklichen Ansätzen siehe nachfolgend ausführlich Abschnitt IV.

4. Vorläufige Stellungnahme

Mit einem Postulat der Durchgriffshaftung aufgrund materieller Unterkapitalisierung setzt man sich freilich über die legislativen Grundentscheidungen in § 5 Abs. 1 GmbHG hinsichtlich des Mindeststammkapitals und in § 13 Abs. 2 GmbH bezüglich des Haftungsprivilegs der Gesellschafter hinweg. Einige wollen den gesetzlichen und damit für das Unternehmen verbindlichen Mindest-„Preis“, der freilich an die Erfüllung bestimmter gesetzlicher Bedingungen – die Eintragungsvoraussetzungen – geknüpft ist, gleichsam in eine *invitatio ad offerendum* umdeuten; dabei soll dem Annehmenden – Gerichten, dem Handelsregister oder aber einer noch einzurichtenden Aufsichtsbehörde? – die Möglichkeit verbleiben, den ursprünglichen Mindestpreis nachfolgend einseitig auf ein wie auch immer zu bestimmendes angemessenes Niveau heraufzusetzen. Andere Verfechter der Durchgriffslehre ergänzen hingegen den Pflichtenkatalog der Gesellschafter um außergesetzliche Standards, insbesondere um eine Finanzierungs(folge)verantwortung. Beide Wege sind zulässig, bedürfen wegen des Hinwegsetzens über gesetzliche Grundwertungen jedoch jeweils einer fundierten rechtlichen Begründung.

Hohe Hürden sind insoweit durch die Bundesgerichte aufgestellt worden. Bis in die jüngere Vergangenheit hat die Judikatur wiederholt darauf hingewiesen, dass über die Rechtsform der juristischen Person nicht leichtfertig oder schrankenlos hinweggegangen werden dürfe.[26] Auch das BVerfG hat betont, aus der Verselbständigung der GmbH sei herzuleiten, dass ihre Gesellschafter gegen Durchgriffe in ihr Privatvermögen grundsätzlich abgeschirmt sind.[27] Allerdings hat das Gericht den Durchgriff in Ausnahmefällen gleichfalls anerkannt und dazu insbesondere auf die – nachfolgend noch zu vertiefende – Rechtsprechung der Zivilgerichte verwiesen.[28] Danach kommt eine Durchgriffshaftung in Betracht, wenn das in § 13 Abs. 2 GmbHG verankerte Haftungsprivileg im Einzelfall mit Treu und Glauben nicht im Einklang steht, also etwa ein Rechtsmissbrauch vorliegt.[29]

Das praktische Bedürfnis, der gläubigerschädigenden missbräuchlichen Verwendung einer GmbH rechtlich entgegenzuwirken, ist offensichtlich. In diesem Zusammenhang ist jedoch zunächst zu klären, ob und inwieweit überhaupt Handlungsbedarf besteht. Erst vor diesem Hintergrund können die Fragen nach der Notwendigkeit für eine Durchgriffshaftung sowie ihrer rechtlichen Fundierung sinnvoll gestellt werden. Dabei wird auch zu be-

---

[26] Siehe etwa BGHZ 20, 4, 11; 26, 31, 37; 54, 222, 224; 61, 380, 383; 78, 318, 333; zuletzt auch BAG ZIP 1999, 24, 26; BSG ZIP 1996, 1134, 1135.

[27] BVerfGE 13, 331, 340.

[28] BVerfGE 18, 224, 235.

[29] BGHZ 54, 222, 224; BAG ZIP 1999, 24, 26.

rücksichtigen sein, dass durch die Einführung der GmbH ursprünglich die unternehmerische Risikobereitschaft gestärkt werden sollte. Nunmehr scheint es, als wolle man im Wege der Durchgriffshaftung aufgrund materieller Unterkapitalisierung einen wesentlichen Schritt zurückgehen.

III. Haftung der Gesellschafter einer GmbH

Die persönliche Haftung der Gesellschafter einer GmbH kann sich aus den allgemeinen schuldrechtlichen Haftungstatbeständen ergeben, daneben kommen aber auch spezielle gesellschaftsrechtliche Verpflichtungstatbestände in Betracht.

1. Allgemeine Haftungstatbestände

a) Vertragliche Mithaftung

Denkbar und in der Praxis aus Gründen der Steigerung der Kreditwürdigkeit der GmbH nicht selten anzutreffen ist eine vertragliche Mithaftung der Gesellschafter. Dabei kommen neben einer Bürgschaft auch ein Schuldbeitritt, eine Patronatserklärung oder aber ein Garantieversprechen in Betracht.[30]

b) Verschulden bei Vertragsabschluss (§§ 311 Abs. 2, 241 Abs. 2, 280 BGB n. F.)

Vielfach ist der Versuch unternommen worden, eine persönliche Haftung der Gesellschafter einer GmbH aus den Grundsätzen des Verschuldens bei Vertragsabschluss abzuleiten.[31] Die Judikatur nimmt eine Aufklärungspflicht des Allein- oder Mehrheitsgesellschafters, der zugleich alleiniger Geschäftsführer ist, hinsichtlich des Zustandes der Unterkapitalisierung jedoch nur an, wenn ein Gläubiger vorleistet und von vornherein absehbar ist, dass die Gesellschaft nicht zur Begleichung ihrer Schuld in der Lage sein wird, wenn also über die bloße Unterkapitalisierung hinaus auch schon die Insolvenz droht.[32] Als denkbar hat der BGH aber eine persönliche Haf-

---

30 Zu weiteren Einzelheiten siehe etwa *Scholz/Emmerich* (Fußn. 3), § 13 Rz. 61.

31 Siehe hierzu *Drüke,* Die Haftung der Muttergesellschaft für die Schulden der Tochtergesellschaft, 1990, S. 50 ff.; *Ehricke,* AcP 199 (1999), 257, 288; *Hillmann,* Das Centros-Urteil des Europäischen Gerichtshofs – Konsequenzen für die Rechtsprechung, in: Gesellschaftsrechtliche Vereinigung (Hrsg.), Gesellschaftsrecht in der Diskussion 1999, 2000, S. 231, 236–238; *Roth,* ZGR 1986, 371, 376 f.; *Scholz/Emmerich* (Fußn. 3), § 13 Rz. 64 ff.; *Stodolkowitz,* ZIP 1992, 1517, 1526; *Weitbrecht* (Fußn. 1), S. 92 ff.

tung des Geschäftsleiters angesehen, wenn dieser an den Vertragsverhandlungen mit einem Geschäftspartner beteiligt war und diesen nicht auf die drohende Überschuldung der Gesellschaft hingewiesen hat.[33] Dieser Ansatz war allerdings von dem für das Kaufrecht zuständigen XI. Zivilsenat des BGH entwickelt und vertieft worden. Danach sollte den Geschäftsführer einer GmbH eine persönliche Haftung gegenüber Dritten aus *culpa in contrahendo* treffen, wenn er bei Verhandlungen mit ihnen ein besonderes persönliches Vertrauen in Anspruch genommen hatte oder – wie beispielsweise ein Gesellschafter-Geschäftsführer – ein gesteigertes wirtschaftliches Eigeninteresse an dem namens der GmbH abgeschlossenen Vertrag hatte.[34] Aufgrund der Änderung der Rechtsprechung zur Haftung des Geschäftsführers wegen verspäteter Stellung des Insolvenzantrags[35] ist davon auszugehen, dass in der Judikatur der haftungsrechtliche Ansatz über das Verschulden bei Vertragsabschluss an Bedeutung verlieren wird. Zudem hat der für das Gesellschaftsrecht zuständige II. Zivilsenat des BGH zuletzt darauf hingewiesen, dass allein die unterlassene Aufklärung über die finanziellen oder wirtschaftlichen Verhältnisse der Gesellschaft die Sachwalterhaftung nicht auslöst.[36]

Ohne diesen Aspekt ausdrücklich anzusprechen, scheint die Rechtsprechung – ebenso wie das Schrifttum – davon auszugehen, dass nur Geschäftsführer die beschriebenen vorvertraglichen Pflichten haben können[37]. Demgegenüber nimmt Canaris eine Rechtsfortbildung vor, aufgrund derer er auch Gesellschafter zu Adressanten besonderer Aufklärungspflichten macht. Zwar bestehe keine geschriebene Zuständigkeitsregelung, die die Gesellschafter zu Adressanten dieser Sonderpflicht mache, doch sei ihre Schaffung im Wege der Rechtsfortbildung nicht kühner als bei der Prospekthaftung oder als die gängigen Durchgriffstheorien.[38] Ob es einer solchen Rechtsfortbildung aber tatsächlich bedarf, lässt sich erst nach der Diskussion der anderen gedanklichen Ansätze zuverlässig beurteilen.

c) Positive Forderungsverletzung (§ 280 BGB n. F.)

Selbst wenn man eine Finanzierungspflicht der Gesellschafter einer GmbH annehmen kann,[39] besteht diese nur gegenüber der Gesellschaft und allen-

[32] BGH ZIP 1982, 1435, 1437; BGH ZIP 1984, 439, 442; BGHZ 87, 27, 34; offen gelassen von BGH ZIP 1988, 1543, 1545.

[33] Siehe etwa BGH ZIP 1989, 1455 ff.

[34] Siehe stellvertretend BGHZ 87, 27, 32 f.

[35] Siehe dazu nachfolgend Abschnitt III. 2. a).

[36] In diesem Sinne BGHZ 126, 181, 189 f.

[37] So zuletzt *Banerjea,* ZIP 1999, 1153, 1156.

[38] *Canaris,* FS Giger, 1989, S. 91, 119–122.

falls noch im öffentlichen Interesse. Eine derartige Finanzierungspflicht kann aber im Anschluss an die Überlegungen zur Haftung aus *culpa in contrahendo* grundsätzlich nicht Bestandteil schuldrechtlicher Pflichten gegenüber den Gesellschaftsgläubigern sein. Auch der Nachweis einer positiven Forderungsverletzung eines Vertrages mit drittschützender Wirkung wird regelmäßig an den strengen Voraussetzungen für den Drittschutz scheitern.

d) Rechtsscheinhaftung

Sofern ein Gesellschafter durch sein Auftreten im Geschäftsverkehr durch Verwendung einer GmbH-Firma ohne den gesetzlich vorgeschriebenen Zusatz den Eindruck persönlicher Haftung erweckt, kann er neben der Gesellschaft aus Rechtsscheinhaftung persönlich in Anspruch genommen werden.[40]

e) Vorsätzliche sittenwidrige Schädigung (§ 826 BGB)

Sofern die Judikatur überhaupt einmal einen Haftungsdurchgriff auf die Gesellschafter einer GmbH befürwortet, wählt sie als rechtliche Grundlage zumeist die insbesondere in subjektiver Hinsicht an strenge Voraussetzungen geknüpfte Vorschrift des § 826 BGB. Denn im Rahmen des § 826 BGB ist zumindest ein bedingter Vorsatz nachzuweisen. In diesem Zusammenhang ist kritisiert worden, damit könne sich ein Gesellschafter fast immer damit verteidigen, er habe hoffen dürfen, dass er alle Forderungen werde befriedigen können.[41] Dieser zweifelbehaftete Aspekt wird nachfolgend im Zusammenhang mit den rechtlichen Ansätzen für eine Durchgriffshaftung aufgrund materieller Unterkapitalisierung vertieft werden.[42]

2. Spezielle Haftungstatbestände

a) Insolvenzverschleppungshaftung (§ 823 Abs. 2 BGB i. V. m. § 64 Abs. 1 GmbHG)

Früher hatte die Rechtsprechung bekanntlich den Gläubigern nur den Schaden ersetzt, der auf die Verminderung des Gesellschaftsvermögens zwi-

---

[39] Siehe hierzu nachfolgend Abschnitt IV. 1. m. w. N.

[40] Siehe hierzu *Banerjea,* ZIP 1999, 1153, 1156; *Scholz/Emmerich* (Fußn. 3), § 13 Rz. 63.

[41] In diesem Sinne *Banerjea,* ZIP 1999, 1153, 1157; *Ehricke,* AcP 199 (1999), 257, 278; *Kahler,* BB 1985, 1429, 1431; *Scheel,* Konzerninsolvenzrecht, 1995, S. 391 f.

[42] Siehe unten Abschnitt IV. 6.

schen Begründung der Forderung und Eröffnung des Konkursverfahrens zurückzuführen war (sog. Quotenschaden). Zwischenzeitlich hat der BGH seinen Ansatz modifiziert und nimmt nunmehr eine volle Haftung des (Gesellschafter-)Geschäftsführers gegenüber Neugläubigern an, deren Forderungen erst nach dem Zeitpunkt des Eintritts der Insolvenzantragspflicht entstanden sind.[43] Für Altgläubiger bleibt es demgegenüber bei einem die Verschlechterung der „Quote" kompensierenden Schadensersatzanspruch.[44]

Im Hinblick auf die Ausgangsproblematik materiell unterkapitalisierter Gesellschaften mit beschränkter Haftung ist beklagt worden, dass die Insolvenzverschleppungshaftung stets nur den Geschäftsführer treffe, sofern dieser den Insolvenzantrag nicht rechtzeitig stelle.[45] Indes sind – was vielfach übersehen zu werden scheint – Teilnahmehandlungen der Gesellschafter[46] nicht nur denkbar, sondern auch schon in der Judikatur diskutiert worden. So hat der BGH eine Gehilfenhaftung des Gesellschafters, der um die Krisensituation wusste und sich aktiv an der Insolvenzverschleppung beteiligte, in Betracht gezogen.[47] Damit ist in Extremsituationen sogar eine Teilnahme an der Insolvenzverschleppung im Wege der Anstiftung denkbar.

Die von der Rechtsprechung vorgenommene Differenzierung zwischen Alt- und Neugläubigern ist zuletzt kritisiert worden, weil es denkbar sei, dass ein Altgläubiger nahezu vollständig mit seiner Forderung ausfalle, während ein Neugläubiger dagegen in voller Höhe von den Geschäftsführern befriedigt werde; ob der Kredit eine logische Sekunde vor oder nach der Insolvenzreife gewährt werde, könne ein derartiges Schutzgefälle nicht rechtfertigen; beide Fälle lägen nahe beieinander, was sich nunmehr auch daraus ergebe, dass nach § 18 InsO schon vor Eintritt von Zahlungsunfähigkeit oder Überschuldung – nämlich bei bloßer Illiquidität, genauer gesagt bei drohender Zahlungsunfähigkeit i. S. d. § 18 Abs. 2 InsO – ein Insolvenzantrag gestellt werden könne.[48] Dem ist entgegenzuhalten, dass § 64 Abs. 1 GmbHG eine Pflicht zur Stellung des Insolvenzantrags statuiert, während § 18 InsO eine Kann-Vorschrift darstellt. Nach wie vor kann und darf ein Geschäftsführer nach der gesetzlichen Konzeption bis zur Insolvenzreife noch auf Besserung der wirtschaftlichen Rahmenbedingungen hoffen. Er trägt in der Krise mit der drohenden Insolvenzverschleppungshaftung schon ein großes Risiko, weil er den Zeitpunkt der Insolvenzreife

---

43 Grundlegend BGHZ 126, 181, 190 ff.

44 Vgl. BGH ZIP 1997, 1542, 1543 f. zur Berechnung des Quotenschadens.

45 *Banerjea,* ZIP 1999, 1153, 1155; weiter hingegen *Roth/Altmeppen* (Fußn. 3), § 13 Rz. 23 und § 64 Rz. 35 ff., die auch eine Haftung des beherrschenden Gesellschafters befürworten.

46 Siehe hierzu nachfolgend auch Abschnitt III. 3.

47 BGH ZIP 1995,124, 126.

48 *Banerjea,* ZIP 1999, 1153, 1155.

kaum zuverlässig bestimmen kann. Dieses Risiko würde durch eine zeitliche Ausweitung der Insolvenzverschleppungshaftung bereits vor den Zeitpunkt der Insolvenzreife *contra legem* unverhältnismäßig ausgeweitet.

b) Eigenkapitalersatzrecht (§§ 30 ff. GmbHG)

Die Vorschriften der §§ 30 ff. GmbHG zielen nicht unmittelbar auf die Beseitigung einer materiellen Unterkapitalisierung. Stattdessen stellen die Vorschriften sicher, dass das Stammkapital nicht an die Gesellschafter zurückfließt. Zudem werden Gesellschafterdarlehen, also der GmbH bereits zugeflossene Finanzmittel, in Fällen der nominellen Unterkapitalisierung in Eigenkapital umqualifiziert. Eigenkapitalersetzende Leistungen werden daher bei der Frage, ob eine Unterkapitalisierung vorliegt, dem Eigenkapital hinzugerechnet.[49] Die genannten Vorschriften können also durchaus eine Haftung der Gesellschafter einer GmbH begründen, indes handelt es sich dabei nicht um eine Durchgriffshaftung zur Abwendung einer materiellen Unterkapitalisierung.

c) Haftung nach den Grundsätzen des qualifiziert faktischen Konzerns

Die konzernrechtliche Dimension der Durchgriffshaftung[50] soll hier weitgehend ausgeblendet werden, da sie den Gegenstand eines weiteren Vortrags bildet.[51] Von besonderem Interesse ist jedoch die noch offene Frage nach dem Verhältnis von Durchgriffshaftungsansprüchen zu den Ansprüchen nach den Grundsätzen der sog. „Haftung im qualifiziert faktischen GmbH-Konzern".[52] Wie verhält sich etwa die Durchgriffshaftung aufgrund materieller Unterkapitalisierung zum Subsidiaritätspostulat des TBB-Urteils,[53] nach welchem die sog. „Haftung im qualifiziert faktischen GmbH-Konzern" erst dann und nur insoweit eingreifen soll, als nicht ein Einzelausgleich möglich ist? Die bisherige Entwicklung der Judikatur deutete darauf hin, dass bei Überschneidungen der Tatbestände der konzernrechtlichen Haftung Vorrang vor der Durchgriffshaftung aufgrund materieller Unterka-

---

[49] *Banerjea,* ZIP 1999, 1153, 1157; *Lutter/Hommelhoff* (Fußn. 3), § 13 Rz. 6; *Hachenburg/Ulmer* (Fußn. 4), Anh. § 30 Rz. 57.

[50] Siehe hierzu zuletzt etwa *Banerjea,* ZIP 1999, 1153, 1160–1162; *Ehricke,* AcP 199 (1999), 257, 259; siehe jüngst auch *Goette,* DStR 2000, 1066–1068 mit einem konzisen Überblick über die Entwicklung der für den qualifiziert faktischen GmbH-Konzern geltenden Haftungsgrundsätze.

[51] Vgl. die Abhandlung von *Veil.*

[52] Siehe hierzu *Ehricke,* AcP 199 (1999), 257, 266 m. w. N. zum Meinungsstand in Fußn. 36–38. Die Grenzlinien eher verwischend als zur Klärung der Abgrenzungsfrage beitragend OLG Dresden NZG 2000, 598 ff. m. krit. Anm. *Grüner.*

[53] BGHZ 122, 123, 131 f.

pitalisierung eingeräumt wird.[54] Dies ist auch durchaus nachvollziehbar, weil die Haftungsvoraussetzungen im sog. „qualifiziert faktischen GmbH-Konzern“ durch die Judikatur im Sinne von außergesetzlichen Tatbestandsvoraussetzungen konkretisiert und wiederholt angewendet worden sind[55]. Soweit Sachverhalte betroffen sind, denen konzernrechtliche GmbH-Strukturen zugrunde liegen, ist in dieser Entwicklung ein denkbares Motiv für die zurückhaltende Einstellung des BGH gegenüber der Durchgriffshaftung aufgrund materieller Unterkapitalisierung zu erblicken.

Jüngst hat der BGH in seiner Entscheidung „Bremer Vulkan“[56] durch ein *obiter dictum* eine Diskussion darüber ausgelöst, ob und inwieweit er an der sog. „Haftung im qualifiziert faktischen GmbH-Konzern“ überhaupt noch festhält[57]. Inhalt und Auswirkungen dieses Urteils können hier nicht im Detail skizziert werden. Weitgehende Einigkeit scheint indes insoweit zu bestehen, dass der BGH nunmehr – anknüpfend an seine Entscheidung „TBB“[58] – seine dort anklingende Judikatur zur Bestandsschutz-Haftung des herrschenden Alleingesellschafters in der Insolvenz der abhängigen GmbH fortentwickelt hat. Erst die weitere Diskussion wird zeigen, ob diese Rechtsprechung über das GmbH-Konzernrecht hinaus auch auf Alleingesellschafter einer nicht abhängigen GmbH ausgedehnt werden wird und ob hierfür überhaupt ein Bedürfnis besteht.

Vom BGH nicht angesprochen und deshalb Gegenstand lebhafter Diskussionen ist nunmehr die Frage nach der Anspruchsgrundlage einer solchen Bestandsschutzhaftung. Während Altmeppen eine analoge Anwendung der § 43 GmbHG, § 93 Abs. 5 S. 2 und 3 AktG favorisiert,[59] rekurrieren K. Schmidt und Ulmer insbesondere auf die verschuldensabhängige Haftung des Alleingesellschafters wegen Verletzung seiner Pflichten aus der Sonderverbindung zur GmbH (Treuepflichthaftung).[60] Demgegenüber sieht

---

[54] Siehe hierzu bereits die Nachweise in Fußn. 14.

[55] Allerdings ist im Schrifttum wiederholt auf eine grundsätzliche Klärung gedrängt worden; vgl. etwa *Altmeppen,* DB 1994, 1912; *Bitter,* Konzernrechtliche Durchgriffshaftung bei Personengesellschaften, 2000, S. 490 ff.; *Hommelhoff,* ZGR 1994, 395; *Reiner,* Unternehmerisches Interesse und Fremdsteuerung, 1995, S. 273 ff., 306 ff.; *K. Schmidt* (Fußn. 6), § 39 III 3 und 4 (S. 1220 ff.); *Versteegen,* Konzernverantwortlichkeit und Haftungsprüfung, 1993, S. 209 ff.

[56] BGH ZIP 2001, 1874 ff.

[57] Siehe hierzu die ersten kontroversen Stellungnahmen von *Altmeppen,* ZIP 2001, 1837 ff.; *Bitter,* WM 2001, 2133 ff.; *K. Schmidt,* NJW 2001, 3577 ff.; *Ulmer,* ZIP 2001, 2021 ff.

[58] BGHZ 122, 123, 130.

[59] *Altmeppen,* ZIP 2001, 1837, 1841 ff.; hiergegen mit beachtlichen rechtsdogmatischen Zweifeln *Ulmer,* ZIP 2001, 2021, 2024–2026; siehe auch *K. Schmidt,* NJW 2001, 3577, 3580.

[60] *K. Schmidt,* NJW 2001, 3577, 3579 f.; *Ulmer,* ZIP 2001, 2021, 2026 f.

Bitter die dogmatische Basis in der Durchgriffshaftung, genauer gesagt in der Normzwecklehre als einem Unterfall des allgemeinen Missbrauchstatbestandes.[61] Damit ist dieser Ansatz all denjenigen Zweifeln ausgesetzt, die nachfolgend gegen die Normzwecklehre als dogmatische Basis einer Durchgriffshaftung aufgrund materieller Unterkapitalisierung ins Felde geführt werden.[62]

3. Teilnehmerhaftung

In der bisherigen Diskussion ist die denkbare Teilnehmerhaftung von Gesellschaftern einer GmbH bei Verletzung von Organpflichten durch den oder die Geschäftsführer eher vernachlässigt worden.[63] Diese Entwicklung überrascht, können doch potentielle Teilnahmehandlungen nicht nur in außergewöhnlichen Situationen, sondern auch im täglichen Geschäftsablauf entstehen. Zwar vertreten die Geschäftsführer die Gesellschaft nach außen. Sie leiten das Unternehmen aber nicht unter eigener Verantwortung, sondern sind an die Beschränkungen gebunden, die ihnen der Gesellschaftsvertrag oder die Beschlüsse der Gesellschafter auferlegen (§§ 37 Abs. 1, 45 GmbHG). Aber gerade diese Beschlüsse können, sofern sie in einer Pflichtverletzung des Geschäftsführers – etwa einem verspätet gestellten Insolvenzantrag – resultieren, zu einer Teilnehmerhaftung führen. Hier öffnet sich ein breites Einfalltor, das unabhängig von der komplexen Problematik der Durchgriffshaftung im GmbH-Recht den Zugang zu einer persönlichen Gesellschafterhaftung zu begründen vermag.

4. Zwischenergebnis

Angesichts der zuvor erörterten denkbaren Haftungstatbestände ist verschiedentlich die Auffassung vertreten worden, diese Möglichkeiten der Einstandspflicht der Gesellschafter reichten bereits hinlänglich aus.[64] Dabei sollte man insbesondere auch die disziplinierende Wirkung der genannten Tatbestände und des mit ihrer Verwirklichung für den Betroffenen verbun-

---

[61] *Bitter,* WM 2001, 2133, 2139 f.

[62] Siehe Abschnitt IV. 3. und 7.

[63] Siehe zunächst Fußn. 47; zur Teilnehmerhaftung siehe zuletzt auch ausführlich *Ehricke,* ZGR 2000, 351 ff.

[64] *Baumbach/Hueck* (Fußn. 3), § 5 Rz. 6; *Drax,* Durchgriffs- und Konzernhaftung – ein Vergleich, 1992, S. 184 ff.; *Ehricke,* AcP 199 (1999), 257, 275 ff., 286–289; *Flume,* Allgemeiner Teil des Bürgerlichen Rechts, I/2: Die juristische Person, 1983, S. 82 f.; *K. Schmidt,* ZIP 1994, 837, 838 ff.; *Scholz/Emmerich* (Fußn. 3), § 13 Rz. 57, 95 (zusätzlich auf die Treuepflicht gegenüber der Gesellschaft rekurrierend); *Wilhelm,* Rechtsform und Haftung bei der juristischen Person, 1981, S. 335 ff.; *ders.,* FS Flume II, 1978, S. 337, 391 ff.

denen Ansehens- und Vertrauensverlusts nicht unterschätzen. Indes sind selbst bei großzügiger Interpretation der Voraussetzungen der einzelnen Haftungstatbestände, etwa bei Aufweichung der strengen subjektiven Voraussetzungen einer Haftung aus § 826 BGB,[65] überaus praxisrelevante Haftungslücken vorhanden.[66] So wird ein Bedürfnis nach einem besonderen Tatbestand der Unterkapitalisierung insbesondere für diejenigen Fälle angenommen, in denen die Gesellschafter ausnahmsweise nicht über die drohende oder bereits eingetretene Zahlungsunfähigkeit ihrer Gesellschaft Bescheid wussten oder aber einen nicht völlig unbegründeten Anlass zur Hoffnung auf einen Wiederaufschwung hatten.[67] Mag die letztgenannte Fallvariante dem Gegenbeweis schwer zugängliche Lippenbekenntnisse der Gesellschafter auch geradezu herausfordern, so befinden sich die insoweit beweisbelasteten Gläubiger doch in einer – zumindest auf den ersten Blick – überaus nachteiligen prozessualen Situation. Daher hat das gesellschaftsrechtliche Schrifttum mittels zahlreicher unterschiedlicher Gedankenansätze versucht, diese Konstellationen rechtlich in den Griff zu bekommen.

IV. Haftung der Gesellschafter aufgrund materieller Unterkapitalisierung

1. Vorbemerkung

Inzwischen scheint im Schrifttum die Ansicht vorherrschend zu sein, die eine Verantwortlichkeit der Gesellschafter für bestimmte Formen der Unterkapitalisierung im Rahmen der Durchgriffshaftung aus einer sog. Finanzierungs(folgen)verantwortung abzuleiten sucht.[68] Danach sollen die Gesellschafter die Pflicht haben, über die gesetzlichen Kapitalaufbringungs- und -erhaltungsvorschriften hinaus für ein nach Art und Umfang der geplanten Geschäftstätigkeit angemessenes Eigenkapital zu sorgen. Demgegenüber wird eine nachträgliche Haftung aufgrund materieller Unterkapitalisierung von anderer Seite aus verschiedenen Gründen abgelehnt,[69] während die Judikatur gleichfalls Zurückhaltung übt.[70]

---

[65] Siehe hierzu die Abschnitte III. 1. e) und IV. 6.

[66] Zuletzt a. A. *Ehricke,* AcP 199 (1999), 257, 275 ff.

[67] So die treffende Umschreibung der Haftungslücke von *Banerjea,* ZIP 1999, 1153, 1157.

[68] Siehe stellvertretend *Baumbach/Hueck* (Fußn. 3), § 32a Rz. 3, 32a; *Hachenburg/Ulmer* (Fußn. 4), §§ 32a/b, Rz. 8, einschränkend aber Anh. § 30 Rz. 36 („eine derartige Pflicht nach dem geltenden Recht nicht begründet werden kann"); *Lutter/Hommelhoff* (Fußn. 3), §§ 32a/b Rz. 3; *Roth/Altmeppen* (Fußn. 3), § 32a Rz. 9; *Scholz/K. Schmidt* (Fußn. 3), §§ 32a/b Rz. 4 f.

[69] Siehe etwa *Schulze-Osterloh,* ZGR 1983, 129, 143 ff.; *Vonnemann* (Fußn. 6), S. 130 ff.; *ders.,* GmbHR 1992, 77 ff.; *Weitbrecht* (Fußn. 1), S. 42 ff., insbes.

Dies ist nicht der Ort, die zahlreichen Versuche zur Begründung eines Haftungstatbestandes der materiellen Unterkapitalisierung umfassend zu analysieren und zu würdigen sowie sämtlichen argumentativen Verästelungen nachzugehen.[71] Vielmehr sollen nachfolgend die Ansätze nur in ihren Grundzügen charakterisiert sowie die dogmatischen Defizite kritisch gewürdigt werden.

2. Organhaftung; Treuepflicht

Von den reinen Durchgriffstheorien zu unterscheiden ist die Annahme einer Organhaftung der Gesellschafter analog § 43 GmbHG für jede Form der Einflussnahme auf die Gesellschaft[72] oder aber einer Verschuldenshaftung der Gesellschafter gegenüber der Gesellschaft wegen Verletzung von Sorgfaltspflichten.[73] Daneben wird vereinzelt eine über § 49 Abs. 3 GmbHG hinausgehende Pflicht der Geschäftsführer angenommen, die Gesellschafter über einen dringenden Kapitalbedarf der Gesellschaft zu informieren, woraus sich für die Praxis eine weitreichende Kenntnis der Gesellschafter von der Unterkapitalisierung mit einem entsprechenden Schädigungsvorsatz i. S. d. § 826 BGB ergeben soll.[74]

Diese Ansätze lassen sich kaum in das bestehende dogmatische Gefüge einbinden. Eine Analogie zu § 43 GmbH erscheint nur tragfähig, solange sich ein Gesellschafter wie ein Geschäftsführer geriert. Sollen aber auch die von Gesellschaftern nach §§ 37, 45 GmbHG erteilten Weisungen am gesetzlichen Sorgfaltsmaßstab für Geschäftsführer gemessen werden, so gerät das gesetzliche Organisationsgefüge einer GmbH ins Wanken.[75] Der Gesetzgeber hat – wie sich aus § 43 Abs. 3 S. 3 GmbHG ergibt – den Fall nachteiliger Weisungen der Gesellschafter durchaus gesehen, daraus aber nicht die Konsequenz einer Gesellschafterhaftung gezogen. Und woraus sich zudem

---

S. 66 f.; *Wüst,* JZ 1995, 990, 992; krit. auch *Ehricke,* AcP 199 (1999), 257, 279–281.

[70] Siehe zuletzt aber OLG Dresden NZG 2000, 598, 600 f. m. krit. Anm. *Grüner.*

[71] Vgl. stattdessen *Bork,* ZGR 1994, 237, 256 ff.; *Brändel,* in: Großkommentar zum Aktiengesetz, 4. Aufl., 1992, § 1 Rz. 92 ff.; *Drax* (Fußn. 64), S. 72 ff.; *Hachenburg/Mertens* (Fußn. 4), Anh. § 13 Rz. 28 ff.; *K. Schmidt* (Fußn. 6), § 9 II (S. 228 ff.); *Scholz/Emmerich* (Fußn. 3), § 13 Rz. 78 ff.; *Weitbrecht* (Fußn. 1), S. 35 ff.; vgl. auch *Wüst,* JZ 1995, 990, 994 f.

[72] *Wilhelm* (Fußn. 64), S. 308 ff.; *ders.,* FS Flume II, 1978, 337, 391 ff.; *ders.,* DB 1986, 2113, 2117 ff.

[73] *K. Schmidt* (Fußn. 6), § 9 IV 4 b (S. 249); *ders.,* ZIP 1986, 146, 148 f.; *ders.,* ZIP 1988, 1497 ff.; ähnlich auch *Roth,* ZGR 1993,170, 198–200, 202.

[74] *Roth,* ZGR 1993, 170, 201; ihm folgend *Banerjea,* ZIP 1999, 1153, 1157.

[75] So auch *Hachenburg/Ulmer* (Fußn. 4), Anh. § 30 Rz. 40; *Hüffer,* NJW 1982, 428, 429; *Schanze,* AG 1982, 42, 44.

die über § 49 Abs. 3 GmbHG hinausgehende Informationspflicht der Geschäftsführer ergeben soll, aus der sodann derart weitreichende Rechtsfolgen für die Gesellschafter einer GmbH abgeleitet werden, bleibt im Dunkeln.

Nicht mit dem Makel der fehlenden Analogiefähigkeit behaftet ist die Auffassung, die in der Gründung oder dem Betreiben einer materiell unterkapitalisierten GmbH einen Treuepflichtverstoß erblickt.[76] Einerseits wird hierin zwar eine „sachlich nicht mehr vertretbare Überspannung des Treuepflichtansatzes“ gesehen;[77] und in der Tat lässt sich die auf materielle Unterkapitalisierung gestützte Annahme eines Treupflichtverstoßes gleichfalls kaum mit der gesetzlichen Organisationsstruktur in Einklang bringen. Andererseits ist dieser Ansatz aber in dogmatischer Hinsicht flexibel genug, um damit auf rechtspolitische Forderungen – um nichts anderes handelt es sich bei dem Postulat einer mehr oder weniger umfassenden Durchgriffshaftung aufgrund materieller Unterkapitalisierung – reagieren zu können. Ob letztlich jedoch rechtspolitische Motive die Aufgabe des in § 13 Abs. 2 GmbHG angesiedelten Haftungsprivilegs zu rechtfertigen vermögen, kann erst nach Würdigung sämtlicher weiterer Ansätze zur Begründung einer Durchgriffshaftung abschließend bewertet werden.

3. Normzwecklehre

a) Meinungsstand

Einleitend ist festzustellen, dass es nicht *die* Normzwecklehre gibt. Vielmehr sollen hier die in den Einzelheiten und insbesondere in den Rechtsfolgen teilweise erheblich voneinander abweichenden heterogenen Ansätze zusammengefasst werden, die durch teleologische Reduktion des § 13 Abs. 2 GmbHG das Haftungsprivileg der Gesellschafter für bestimmte Fallgruppen – insbesondere auch für Fälle der materiellen Unterkapitalisierung – auszuhebeln suchen.[78] Wie vielgestaltig die Auffassungen sind, zeigt sich nicht

---

[76] In diesem Sinne *Roth,* ZGR 1993, 170, 198–200, 202; auch Überlegungen bei *Roth/Altmeppen* (Fußn. 3), § 13 Rz. 24 und 26 sowie bei *Scholz/Emmerich* (Fußn. 3), § 13 Rz. 95 weisen in diese Richtung.

[77] *Hachenburg/Ulmer* (Fußn. 4), Anh. § 30 Rz. 40; *M. Winter,* Mitgliedschaftliche Treuebindungen im GmbH-Recht, 1988, S. 117 ff.

[78] Grundlegend *Müller-Freienfels,* AcP 156 (1957), 522, 537; *O. Kuhn,* Strohmanngründung bei Kapitalgesellschaften, 1964, S. 207 ff., 214 ff.; *E. Rehbinder,* Konzernaußenrecht und allgemeines Privatrecht, 1969, S. 122 ff.; *Immenga,* Die personalistische Kapitalgesellschaft, 1970, S. 402 ff., 410 f.; siehe daneben stellvertretend *Banerjea,* ZIP 1999, 1153, 1158; *Lutter/Hommelhoff* (Fußn. 3), § 13 Rz. 6; *Hachenburg/Ulmer* (Fußn. 4), Anh. § 30 Rz. 50 ff.; *Stimpel,* FS Goerdeler, 1987, S. 601, 607 f.; *Wiedemann* (Fußn. 17), § 4 III (S. 217 ff.) und § 10 IV 3 b (S. 571).

zuletzt auch daran, dass innerhalb der sog. Normzwecklehren fast jede mögliche Kombination von Voraussetzungen und Rechtsfolgen (Ausfallhaftung/Auffüllungshaftung bei einfacher/qualifizierter, anfänglicher/nachträglicher Unterkapitalisierung für jeden/nur für den maßgeblich beteiligten/nur für den einflussreichen Gesellschafter) vertreten wird.[79] Indes ist diesen Ansätzen gemeinsam, dass sie an Sinn und Zweck der Kapitalausstattungsvorschriften anknüpfen.[80]

b) Normzweck der Kapitalausstattungsvorschriften

Welches ist aber die Funktion der entsprechenden Vorschriften? Das Gesetz will sicherstellen, dass die zugesagten Mittel effektiv aufgebracht und nicht vorzeitig an die Gesellschafter zurückgezahlt werden. Diesem Zweck dienen das Kaduzierungsverfahren gegen säumige Zahler (§§ 21 ff. GmbHG), das Verbot der Rückzahlung und die Mittel der Erhaltung des Stammkapitals (§§ 30, 31 GmbHG), das Verbot der Befreiung von der Einlagepflicht (§ 19 Abs. 2 S. 1 GmbHG) sowie die Passivierung des Stammkapitals (§ 266 Abs. 3 A. HGB). Soweit ersichtlich wird nicht in Zweifel gezogen, dass das (Mindest-)Stammkapital als Haftungsfonds, Risikopolster und Betriebsvermögen dient. Die Auszahlungssperre bei nomineller Unterkapitalisierung sowie das ergänzende gesellschaftsrechtliche Treuegebot haben den Zweck, den opportunistischen Einwirkungsmöglichkeiten der Gesellschafter auf die finanzielle Ausstattung der Gesellschaft Grenzen zu setzen. Das Stammkapital darf nicht unmittelbar oder mittelbar an die Gesellschafter zurückfließen, andernfalls sind sie zum Ausgleich – allerdings allein zum internen Ausgleich – gegenüber der Gesellschaft verpflichtet. Dieses innergesellschaftliche Ausgleichssystem schützt einerseits die Gesellschaftsinteressen, andererseits aber auch zumindest mittelbar die Gesellschaftsgläubiger.

Die Anhänger der Normzwecktheorien fassen den Normzweck aber noch wesentlich weiter: So soll nach Ulmer[81] verhindert werden, dass der Gesellschaft jederzeit die Gefahr der Überschuldung und damit ihrer Vernichtung im Insolvenzverfahren drohe. Wer die Gesellschaft insofern mit ungenügen-

---

[79] So zutreffend *Weitbrecht* (Fußn. 1), S. 57 f.

[80] Im Gegensatz zu diesem verbandsrechtlichen Ansatz verfolgt insbesondere das anglo-amerikanische Recht ein eher marktbezogenes, d.h. kapitalmarktorientiertes Konzept; siehe hierzu ausführlich *Merkt,* Das Centros-Urteil des Europäischen Gerichtshofs – Konsequenzen für den nationalen Gesetzgeber, in: Gesellschaftsrechtliche Vereinigung (Hrsg.), Gesellschaftsrecht in der Diskussion 1999, 2000, S. 111, 114 ff.

[81] Siehe hierzu *Hachenburg/Ulmer* (Fußn. 4), Anh. § 30 Rz. 52 („Zusammenhang zwischen Kapitalsicherung und Ausschluß der Gesellschafterhaftung; Garantiefunktion des Stammkapitals zugunsten der Gesellschaftsgläubiger").

den Mitteln versorge, setze sie gerade dieser Gefahr aus. Der Sinnzusammenhang zwischen Stammkapital und Haftungsbeschränkung bilde somit die institutionelle Schranke, die der den Gesellschaftern eingeräumten Privatautonomie bei der Bestimmung der Höhe des Stammkapitals gesetzt seien. Lutter/Hommelhoff sehen in der Gesellschaft bei materieller Unterkapitalisierung keine „lebensfähige wirtschaftliche Einheit", sondern sie fungiere „nur als haftungs- und risikoabsorbierende Hülle".[82] Diese Metaphern umschreiben zwar anschaulich das Problem, können das erforderliche rechtliche Fundament für den Bruch mit gesetzlich verankerten Prinzipien aber nicht ersetzen. Fast apodiktisch wird eine angemessene Risikobeteiligung der Gesellschafter einer GmbH gefordert und vordergründig aus Sinn und Zweck der Kapitalausstattungsvorschriften abgeleitet. Damit wird allerdings der Begriff des Stammkapitals mit einer Wirkung vorbelegt, deren Richtigkeit gerade erst noch zu ermitteln ist.[83]

c) Stellungnahme

Auch ohne eine flächendeckende Durchgriffshaftung wegen materieller Unterkapitalisierung ist der im deutschen Gesellschaftsrecht erreichte Standard an Gläubigerschutz im internationalen Vergleich sicherlich sehr hoch, vielleicht sogar so hoch, dass zuletzt die Vermutung geäußert wurde, der Tendenz zur Hypertrophie oder zum Übermaß an Gläubigerschutz könne mit dem Centros-Urteil gegengesteuert werden.[84] An diesem Punkt sollte man sich einmal vergegenwärtigen, was das vom Gesetzgeber gewählte System der Kapitalaufbringung und -erhaltung *nicht* zu leisten vermag. So bieten die beschriebenen Vorschriften zwar Schutz gegen Vermögensverschiebungen, die zu Lasten des Stammkapitals und zugunsten der Gesellschafter gehen. Es besteht aber kein Schutz gegen einen Vermögensverlust in anderer Weise wie etwa die Aufzehrung des Stammkapitals infolge eines ungünstigen Geschäftsverlaufs. Die verbreitete Vorstellung eines wie auch immer gegen sämtliche äußeren Einflüsse dauerhaft gesicherten Stammkapitals ist unzutreffend. Die Gesellschafter dürfen sich nicht zu eigennützigen Zwecken an dem Kuchen des Stammkapitals bedienen; es ist aber nicht ausgeschlossen, dass dieser Kuchen im normalen Geschäftsverkehr insbesondere in Fällen des unternehmerischen Misserfolges aufgezehrt wird.[85] Eine solche Entwicklung ist ebenso natürlich wie ein denkbares Anwachsen

---

82 *Lutter/Hommelhoff,* ZGR 1979, 31, 59.

83 So zutreffend *Weitbrecht* (Fußn. 1), S. 12–14 sowie zur Funktion und Reichweite der Kapitalsicherung auf S. 69–71.

84 In diese Richtung weisend *Roth,* ZIP 1999, 861, 864 ff.

85 Gleichfalls in diesem Sinne *Frey,* Einlagen in Kapitalgesellschaften, 1990, S. 4; *Hirte* (Fußn. 22), Rz. 614; vgl. auch *Wüst,* JZ 1995, 990, 991.

des finanziellen Polsters – nicht hingegen des Stammkapitals – in Zeiten des unternehmerischen Erfolgs. Das aufzubringende Mindestkapital dient nach der gesetzlichen Konzeption letztlich also – wie bereits zuvor festgestellt worden ist –[86] zunächst als Entgelt für die „Eintrittskarte" in die Kapitalgesellschaft und stellt insoweit eine „Seriositätsschwelle" auf.

Demgegenüber erweitern die Verfechter der Normzwecklehren die Zielrichtung der Kapitalausstattungsvorschriften in Richtung auf einen umfassenden Gläubigerschutz, während sie gleichzeitig den Grundsatz des eigenverantwortlichen Handelns im Geschäftsverkehr deutlich einschränken. Diesen Bedenken glaubt man dadurch hinreichend Rechnung tragen zu können, dass man die Durchgriffshaftung auf Fälle der völlig unzureichenden Ausstattung der Gesellschaft mit Eigenkapital beschränkt, in denen also die „notwendige Mittelzuführung gänzlich unterbleibt".[87] Aber auch eine Beschränkung auf Evidenzfälle führt nur zu unwesentlich größerer Rechtssicherheit.[88]

Angesichts der zunehmenden Popularität der verschiedenen Normzwecktheorien und der darauf gestützten Durchgriffshaftung aufgrund materieller Unterkapitalisierung muss man sich die Frage stellen, ob der Normzweck der Kapitalausstattungsvorschriften tatsächlich auf einen so weitreichenden Gläubigerschutz gerichtet ist. Dann hätte der Gesetzgeber wegen weitgehender Zweckverfehlung – seit 1995 kam es mit zuletzt deutlich steigender Tendenz pro Jahr zu mindestens 25.000 Unternehmensinsolvenzen in Deutschland –[89] eigentlich schon längst einschreiten müssen. Es besteht weitgehend Einigkeit darüber, dass die strengen rechtlichen Sicherungen des gesetzlichen Stammkapitals in keinem angemessenen Verhältnis zur wirtschaftlichen Bedeutung des Mindestnennbetrages stehen.[90] Angesichts dieses vom Gesetzgeber bewusst in Kauf genommenen Missverhältnisses kann das Stammkapital aber allenfalls als Seriositätsschwelle angesehen werden, wobei die Kapitalaufbringungsvorschriften die tatsächliche Zahlung des „Eintrittspreises" sicherstellen sollen.

---

86 Siehe oben Abschnitt II. 2. a).

87 So zuletzt *Banerjea,* ZIP 1999, 1153, 1155 im Anschluss an *Hachenburg/Ulmer* (Fußn. 4), Anh. § 30 Rz. 55 („qualifizierte Unterkapitalisierung"); *Lutter/Hommelhoff* (Fußn. 3), § 13 Rz. 6; *K. Schmidt* (Fußn. 6), § 9 IV 4 a (S. 248 f.); vgl. auch OLG Hamburg BB 1973, 1231, 1232.

88 Ausführlich zur Bestimmung einer Unterkapitalisierung Abschnitt V. 1.

89 Statistisches Bundesamt, Fachserie 02, Unternehmen und Arbeitsstätten, R.4.1., Insolvenzverfahren. Nach der jährlichen Untersuchung des Verbandes der Vereine Creditreform hat die Zahl der Unternehmensinsolvenzen im Jahr 2001 im Vergleich zum Vorjahr in ganz Deutschland um 16% auf 32.400 zugenommen; vgl. FAZ vom 7. 12. 2001, S. 15 („Deutlich mehr Unternehmen insolvent").

90 Siehe etwa *Hachenburg/Ulmer* (Fußn. 4), § 5 Rz. 7.

Können die Kapitalerhaltungsvorschriften dann aber überhaupt (noch) gewährleisten, dass ein gewisser Haftungsfonds den Gläubigern erhalten bleibt? Hat sich der Normzweck der Vorschriften über das Stammkapital vielleicht im Laufe der Zeit gewandelt? Es scheint näher zu liegen, dass der Normzweck von vornherein nur darauf gerichtet gewesen ist, die Gläubiger vor einer unzureichenden Kapitalaufbringung durch die Gesellschafter unterhalb der vereinbarten Stammeinlage oder vor Abflüssen des Stammkapitals zugunsten der Gesellschafter zu bewahren. Eine derartige durch gesetzliche Schutzmechanismen flankierte Kapitalaufbringung ist aber auch dann dem Gläubigerschutz zu dienen geeignet, wenn die Gesellschaft von Anfang an oder nachträglich materiell unterkapitalisiert sein sollte. Ihr Sinn besteht selbst in diesen Fällen noch darin, das Vertrauen des Rechtsverkehrs darauf zu schützen, dass das im Handelsregister eingetragene und bekannt gemachte Stammkapital einmal aufgebracht und nicht wieder zurückgezahlt wurde. Weiter kann der Vertrauensschutz des Rechtsverkehrs aber in Ansehung der Kapitalsicherung ohnehin nicht reichen.[91]

Natürlich kann – wie von den Verfechtern der Normzwecklehren beabsichtigt – die ursprüngliche gesetzliche Intention der Kapitalausstattungsvorschriften modifiziert und im Sinne eines umfassend(er)en Gläubigerschutzes ausgelegt werden; sodann könnte man daraus eine außergesetzliche Finanzierungs(folge)verantwortung der Gesellschafter ableiten.[92] Der erste Schritt fordert den Einwand heraus, dass der Gesetzgeber bislang keinerlei Anstoß für eine solche Neuinterpretation gegeben hat, während auch die Judikatur insoweit Zurückhaltung übt. Aber auch der zweite Schritt ist Zweifeln ausgesetzt. Gegen die Annahme einer solchen Pflicht zur angemessenen Finanzierung sprechen unter rechtssystematischen Gesichtspunkten die Vorschriften der §§ 10 KWG, 2 KAGG, 5 Abs. 4, 8, 15, 53c Abs. 1, 115 VAG, die für bestimmte Unternehmen die Bereitstellung eines angemessenen Haftkapitals vorschreiben. Daraus kann man den Rückschluss ziehen, dass der Gesetzgeber die Problematik der materiellen Unterkapitalisierung zwar erkannt, für das Recht der GmbH aber – zumindest bislang – keinen Handlungsbedarf gesehen hat.

Auch diese Umstände setzen einer Neuorientierung letztlich aber keine unüberwindbaren Hindernisse. Stellt man sich freilich einmal auf den Standpunkt, dass eine solche Finanzierungsverantwortung besteht und man auch Zeitpunkt und Ausmaß einer materiellen (qualifizierten) Unterkapitalisierung hinreichend exakt fixieren kann, treten weitere intrikate Abgren-

---

[91] Siehe hierzu *Weitbrecht* (Fußn. 1), S. 70; *H. P. Westermann,* Gläubigerschutz bei Neuordnung der GmbH, 1971, S. 9; *Wolany,* ZHR 129 (1969), 337, 399; vgl. auch BGHZ 76, 326, 333 f.

[92] Demgegenüber nimmt *Banerjea,* ZIP 1999, 1153, 1158 sogar eine persönliche Haftung der Gesellschafter *ex lege* an.

zungsschwierigkeiten auf: Anders als bei der anfänglichen handelt es sich bei der nachträglichen (qualifizierten) Unterkapitalisierung oftmals um die Folge einer bereits eingetretenen endgültigen Unternehmenskrise. Diese kann etwa auf Managementfehlern (z. B. Fehleinschätzung der Marktlage; verspätete Produktumstellung; unglückliche Personalpolitik etc.) oder – gerade hierzulande nicht selten – auf eigenen Forderungsausfällen in erheblicher Höhe beruhen. Soll es auch in derartigen, keinesfalls theoretischen und damit praxisfremden Konstellationen bei einer generellen Durchgriffshaftung der Gesellschafter aufgrund (qualifizierter) materieller Unterkapitalisierung bleiben?

Roth[93] beklagt in diesem Zusammenhang die zunehmende Fremdbestimmtheit unternehmerischer Entscheidungen durch rechtliche Reglementierung einerseits, externe wirtschaftliche oder wirtschaftslenkende Einflüsse andererseits; je weniger aber das Risiko wirtschaftlichen Scheiterns vom einzelnen Unternehmer beherrschbar sei, desto mehr verliere die Sanktion unbeschränkter persönlicher Haftung an Überzeugungskraft und desto stärker behindere sie die volkswirtschaftlich erwünschte Bereitstellung unternehmerischen Risikokapitals. Im Kern ist diese Beobachtung sicherlich nicht von der Hand zu weisen, indes scheint sie doch ein wenig überzogen; denn es finden sich stets normkonform (und erfolgreich) agierende Marktteilnehmer.

Hier deuten sich erhebliche Kausalitäts- und Zurechnungsprobleme an, auf die noch zurückzukommen sein wird.[94] Sofern die Gesellschafter in diesen Konstellationen für das Fehlverhalten ihrer Geschäftsführer verantwortlich gemacht werden sollen, würde dies einen rechtfertigungsbedürftigen Bruch mit der bestehenden Organisations- und Haftungsstruktur der GmbH darstellen. Zudem bliebe unverständlich, wieso in diesen Fällen im Rahmen einer Durchgriffshaftung an der Eigenkapitalstruktur der Gesellschaft, nicht aber an den wahren Ursachen, d.h. dem Missmanagement, angeknüpft wird. Der Grund hierfür könnte darin zu sehen sein, dass aufgrund der unternehmerischen Entscheidungsfreiheit der Geschäftsführer ihre Haftung nur selten in Betracht kommen wird. Dann stellt sich in der Tat die Frage, wer die Risiken des Missmanagements zu tragen hat: Die Gläubiger oder die Gesellschafter? Während eine Gläubigerhaftung dem Grundsatz des eigenverantwortlichen Handelns entspräche, würden im letztgenannten Falle die Gesellschafter ein doppeltes finanzielles Risiko tragen. Wie könnte dies aber gerechtfertigt werden? Sofern die Unternehmenskrise hingegen im wesentlichen auf externe Einflüsse wie etwa erhebliche Forderungsausfälle bei insolventen Geschäftspartnern zurückzuführen ist, mutet schließlich eine

---

93 *Roth,* ZGR 1986, 371, 373.

94 Siehe Abschnitt V. 3.

Durchgriffshaftung besonders bedenklich an, die allein durch das objektive Missverhältnis zwischen dem für ein vernünftiges Wirtschaften erforderlichen und dem tatsächlich vorhandenen Eigenkapital ausgelöst wird. Hier bedarf es eines Regulativs entweder bei der Zurechung oder aber auf der Ebene des Verschuldens.

Zusammenfassend ist festzuhalten: Sofern falsche unternehmerische Entscheidungen nach den Gesetzen von Markt und Wettbewerb zur Insolvenz führen, wird dadurch in Ermangelung einer Teilnahmehandlung des Gesellschafters dessen persönliche Haftung im Regelfall nicht begründet. Eine andere Beurteilung kann freilich geboten sein, wenn der Entscheidungsträger das Privileg der beschränkten Haftung dazu benützt, um Kosten von sich oder seinem Unternehmen auf die Allgemeinheit abzuwälzen, also zu externalisieren.[95] Diese Fälle weisen zugleich Elemente eines Rechtsmissbrauchs auf und werden nachfolgend gesondert erörtert.

4. Theorie des institutionellen Rechtsmissbrauchs

a) Meinungsstand

Mit Hinweis auf die angeblich negativen gesamtwirtschaftlichen Effekte der Unterkapitalisierung wurden in der Vergangenheit verschiedene Missbrauchslehren in ihrer subjektiven und objektiven Variante[96] entwickelt, die in der neueren Kommentarliteratur auf Ablehnung gestoßen sind.[97] Indes soll auch der Bundesgerichtshof den Normzwecklehren nahe stehen,[98] während das Bundessozialgericht wiederholt festgestellt hat, dass eine materielle Unterkapitalisierung rechtsmissbräuchlich sein könne.[99] Wichtiger als die schlagwortartige Bezeichnung der Theorien sind jedoch die dahinter stehenden gedanklichen Ansätze. Einige zuletzt wiederholt geäußerte Argumente sollen nunmehr kritisch gewürdigt werden.

---

[95] *Lehmann,* ZGR 1986, 345, 361; *ders.,* GmbHR 1992, 200, 205.

[96] Zur subjektiven Variante siehe *Serick,* Rechtsform und Realität juristischer Personen, 2. Aufl., 1980, S. 2 ff.; *ders.,* Durchgriffsprobleme bei Vertragsstörungen, 1959, S. 23 ff.; zur objektiven Variante vgl. etwa *Bauschke,* BB 1975, 1322, 1324; *Drobnig,* Haftungsdurchgriff bei Kapitalgesellschaften, 1959, S. 94 ff.; *Immenga* (Fußn. 78), S. 405 ff.; *Th. Raiser,* ZGR 1995, 156, 165 ff.; *ders.,* FS Lutter, 2000, S. 637, 650 (einschränkend); *Stauder,* GmbHR 1968, 72, 74; *H. P. Westermann,* Vertragsfreiheit und Typengesetzlichkeit im Recht der Personengesellschaften, 1970, 293 ff.

[97] *Hachenburg/Ulmer* (Fußn. 4), Anh. § 30 Rz. 36 („überholt"); *Scholz/Emmerich* (Fußn. 3), § 13 Rz. 78 f. m.w.N. zur Gegenauffassung in Fußn. 123.

[98] So zumindest *Stimpel,* FS Goerdeler, 1987, S. 601, 604 f.

[99] BSG ZIP 1984, 1217; BSG ZIP 1996, 1134, 1135.

b) Würdigung der argumentativen Ansätze

Teilweise wird versucht, die Annahme eines Rechtsmissbrauchs als eine gesetzliche Lösung darzustellen, obgleich primär ergebnisorientierte Erwägungen mit wirtschaftspolitischem Anklang im Vordergrund stehen. So ist jüngst gefordert worden,[100] das Stammkapital müsse geeignet sein, das unternehmerische Risiko bis zu einem gewissen Grad aufzufangen; andernfalls würde die Gefahr des wirtschaftlichen Scheiterns nicht nur vom Gesellschafter- auf das Gesellschaftsvermögen, sondern unmittelbar auf die Gesellschaftsgläubiger verlagert. Der Gesellschafter müsse daher, wolle er in den Genuss der Haftungsbeschränkung kommen, der Gesellschaft Mittel zur Verfügung stellen, die wenigstens in äußersten Grenzen ihrem wirtschaftlichen Risiko entsprächen; tue er dies nicht, treffe ihn *ex lege* die persönliche Haftung. Ist dies aber wirklich eine „Haftung *ex lege*"? Vielmehr entspricht es – wie bereits dargelegt worden ist –[101] der gesetzlichen Konzeption, gerade auch die Gesellschaftsgläubiger mit den Folgen einer materiellen Unterkapitalisierung zu belasten, so dass die Argumentation in dieser Form die Durchbrechung des Haftungsprivilegs nach § 13 Abs. 2 GmbHG nicht zu begründen vermag.

Wesentlich schwerer wiegt schon folgender Einwand des Jubilars:[102] „Die Vorschriften über die eigenkapitalersetzenden Gesellschafterdarlehen schreien aber geradezu nach einer entsprechenden Sicherung der Gläubiger, wenn die Gesellschafter nicht einmal Darlehen gewährt, sondern einfach mit unzulänglichen Finanzmitteln gewirtschaftet und dadurch den Zusammenbruch des Unternehmens vorprogrammiert haben. Der Fall ist von §§ 32a, b GmbHG nicht abgedeckt, jedoch verlangen elementare Anforderungen der Rechtsgleichheit, ihn nicht zu übergehen." Aber kann man von den Vorschriften der formellen Unterkapitalisierung wirklich zwingend auf das Bedürfnis für Regelungen zur materiellen Unterkapitalisierung schließen? Vielmehr legt der Blick auf die Vorschriften der §§ 10 KWG; 2 KAGG; 5 Abs. 4, 8, 15, 53c Abs. 1, 115 VAG die Vermutung nahe, dass der Gesetzgeber im GmbH-Recht bewusst von der Etablierung einer Pflicht zur Ausstattung der Gesellschaft mit einem angemessenen Eigenkapital abgesehen hat. Wenn man zudem den Normzweck entgegen der vorherrschenden Auffassung nicht in einer weitgehenden Gläubigersicherung sieht, büßt der vorgenommene Rückschluss weitere Überzeugungskraft ein.

Indes könnte man einen Missbrauch mit folgendem, vordergründig überzeugend anmutenden Gedanken untermauern: Falls es keine Einstands-

---

[100] *Banerjea,* ZIP 1999, 1153, 1158.

[101] Siehe oben die Abschnitte II. 1. und 4.

[102] *Th. Raiser,* ZGR 1995, 156, 164; siehe auch *ders.,* FS Lutter, 2000, S. 637, 648 f.; im Ansatz ähnlich *Stimpel,* FS Goerdeler, 1987, S. 601, 608.

pflicht für eine Unterkapitalisierung gäbe, käme man zu dem unbilligen Ergebnis, dass derjenige, der die Gesellschaft gar nicht mit Kapital ausstatte, besser dastehe, als der, der immerhin noch ein – wenn auch nur eigenkapitalersetzendes – Darlehen gebe.[103] Aber auch hiergegen bestehen verschiedene Bedenken: Der Gesellschafter, der der GmbH ein eigenkapitalersetzendes Darlehen gewährt, kann die Gesellschaft letztlich auch länger am Leben erhalten und damit u. U. einen noch größeren gesamtwirtschaftlichen Schaden anrichten. Man darf in diesem Zusammenhang die der Allgemeinheit drohenden Gefahren nicht plötzlich ausblenden, andernfalls erzielt man Scheinbegründungen. Zudem verkennt diese Argumentation wesentliche Unterschiede der beiden Handlungsweisen. In der Finanzierungsabrede liegt eine nach außen erkennbare unternehmerische Entscheidung, die unmittelbare Rechtsfolgen auslösen und insbesondere gegenüber Gesellschaftsgläubigern einen Vertrauenstatbestand schaffen kann. An einer derartigen unternehmerischen Entscheidung fehlt es jedoch im Fall einer materiellen Unterkapitalisierung. Ein Gesellschafter, der die unterkapitalisierte Gesellschaft ohne weitere Finanzierung fortführt, verhält sich durch das bloße Unterlassen eben nicht widersprüchlich.[104] Einen Widerspruch könnte man allenfalls auf der Basis einer weitreichenden Finanzierungs(folge)verantwortung begründen; hierfür fehlen jedoch – wie bereits zuvor dargelegt – bislang die rechtlichen Grundlagen.

c) Fazit

Ob ein Missbrauch eines Rechts vorliegt, lässt sich nur anhand seines Zweckes entscheiden. Vielfach wird zur Begründung einer Durchgriffshaftung wegen materieller Unterkapitalisierung auf rechtspolitische und gesamtwirtschaftliche Erwägungen rekurriert.[105] Im Ergebnis sind die Begründungen der Normzweck- und Rechtsmissbrauchstheorien austauschbar und damit in gleicher Weise ungeeignet, eine allgemeine Durchgriffshaftung aufgrund materieller Unterkapitalisierung zu begründen.[106] Denn die Ungenauigkeiten bei der Bestimmung des Normzwecks im Rahmen der Normzwecklehre schlagen zwangsläufig auch auf die Theorie des institutionellen Rechtsmissbrauchs durch.

---

[103] *Lutter/Hommelhoff,* ZGR 1979, 31, 57; *Wiedemann* (Fußn. 17), § 10 IV 3 (S. 573); dagegen *Weitbrecht* (Fußn. 1), S. 72 ff.

[104] *Weitbrecht* (Fußn. 1), S. 72 f.

[105] Siehe stellvertretend *Lehmann,* ZGR 1986, 345, 353–356; *Th. Raiser,* ZGR 1995, 156, 165.

[106] *Banerjea,* ZIP 1999, 1153, 1158.

5. Ökonomische Analyse des Haftungsdurchgriffs im Gesellschaftsrecht

Insbesondere Lehmann hat, aufbauend auf gesamtwirtschaftlichen Überlegungen, den Versuch unternommen, der festgefahrenen Diskussion im Wege einer ökonomischen Analyse des Haftungsdurchgriffs im Gesellschaftsrecht neue Impulse zu verleihen.[107] Nach seiner Auffassung stelle der Ausschluss einer persönlichen Haftung des Unternehmers in der Insolvenz einer beschränkt haftenden juristischen Person eine Wettbewerbsverzerrung dar, die nur hingenommen werden könne, solange sie eine Ausnahmeerscheinung bleibe und solange sie nicht zielgerichtet als Instrument einer Risikoverschiebung von einem *free rider,* einem wettbewerbsschädlichen, zu Lasten der Allgemeinheit kostensparenden Trittbrettfahrer missbraucht werden könne.[108] Dieser *free rider* wolle die ökonomischen Vorteile der beschränkten Haftung für sich in Anspruch nehmen, ohne die damit für ihn verbundenen Kosten, etwa einer angemessenen Eigenkapitalausstattung, zu tragen. Welche Eigenkapitalausstattung mit Rücksicht auf die zu bewältigenden unternehmerischen Risiken entsprechend kaufmännischer Sorgfalt und Erfahrung als angemessen zu betrachten sei, könne freilich regelmäßig niemand besser abschätzen als der Entscheidungsträger selbst. Treffe er allgemein falsche unternehmerische Entscheidungen, könne dies entsprechend den Gesetzen von Markt und Wettbewerb zur Insolvenz führen, ohne dass im Regelfall der Entscheidungsträger persönlich hafte. Anders sei indes zu entscheiden, wenn dieser Entscheidungsträger das Privileg der beschränkten Haftung dazu benütze, um Kosten von sich oder seinem Unternehmen auf die Allgemeinheit abzuwälzen, also zu externalisieren.[109]

Inhaltlich wird man diesen Aussagen die Zustimmung kaum verweigern können. Führen sie in der Diskussion zur Durchgriffshaftung aufgrund materieller Unterkapitalisierung aber wirklich weiter? Lehmanns Erkenntnisse bestätigen im wesentlichen die bisherige juristische Problembewältigung, aber die damit verbundenen Defizite an Bestimmtheit und Trennschärfe bleiben bestehen.[110] Die Grenzen des Ansatzes zeigt auch Lehmanns Einschätzung, dass es sich bei seinem Lösungsansatz vielmehr um ein bewegliches System von Argumenten und Aspekten handele, an deren Schlussbewertung mit der Durchgriffshaftung eine sachgemäße, wirtschaftlich relevante Sanktion anknüpfe.[111] Damit ist aber im Hinblick auf die Konkretisierung der Tatbestände des Haftungsdurchgriffs nicht allzu viel gewonnen.

---

[107] Siehe hierzu *Lehmann,* ZGR 1986, 345, 357 ff.; *ders.,* GmbHR 1992, 200 ff.

[108] *Lehmann,* ZGR 1986, 345, 357.

[109] *Lehmann,* ZGR 1986, 345, 361; *ders.,* GmbHR 1992, 200, 205 f.

[110] So *Roth,* ZGR 1986, 371, 372.

[111] *Lehmann,* GmbHR 1992, 200, 206.

Zudem darf auch aus der Perspektive der ökonomischen Analyse des Rechts nicht vernachlässigt werden, welches die eigentlichen Ursachen einer eingetretenen Unterkapitalisierung sind. Geschäftlicher Misserfolg darf nicht gleichsam automatisch in einen umfassenden Gläubigerschutz münden! Andernfalls verschiebt das Recht die ursprünglich ausgehandelte und mit Risikoprämien „bezahlte" Risikoverteilung zugunsten einer Partei und verschafft dieser so einen *windfall profit.*[112] Hier zeigt sich das Dilemma besonders deutlich: Durch eine nachträgliche Bewertung belastet die Lehre von der Durchgriffshaftung aufgrund materieller Unterkapitalisierung entgegen der gesetzlichen Grundkonzeption die Gesellschafter einseitig mit Haftungsrisiken, die eigentlich von den Gläubigern zu tragen sind. Eine solche Risikoumverteilung ist, auch wenn damit die gesetzlichen Grundwertungen auf den Kopf gestellt werden, nicht per se ausgeschlossen; freilich müssen ihre Voraussetzungen für die möglicherweise betroffenen Schuldner im Vorhinein erkennbar und auch bestimmbar sein.

6. Ansatz der Rechtsprechung

a) Meinungsstand

Sofern die Judikatur Fälle einer materiellen Unterkapitalisierung nicht über die konzernrechtlichen Haftungsregeln in den Griff bekommt, übt sie deutliche Zurückhaltung gegenüber den im Schrifttum entwickelten Konzepten der Durchgriffshaftung.[113] Stattdessen wendet sie zum Schutz der Gläubiger § 826 BGB an. Hier kann die Entwicklung nicht umfassend nachgezeichnet werden, allerdings seien einige markante Urteile hervorgehoben:

- So hatte das Hanseatische OLG Hamburg bereits im Jahr 1973 eine materielle Unterkapitalisierung als Haftungsgrund anerkannt, wenngleich in dem konkreten Fall eine „offensichtliche erhebliche Unterkapitalisierung" vom Gericht nicht angenommen wurde.[114]
- In einer nicht der Verallgemeinerung fähigen Entscheidung bejahte der BGH im sog. „Siedler-Fall" die Möglichkeit einer Durchgriffshaftung auf die Mitglieder eines materiell unterkapitalisierten Vereins.[115]

---

[112] *Roth,* ZGR 1986, 371, 374.

[113] Ausführliche Analysen der Rechtsprechung bei *Ehricke,* AcP 199 (1999), 257, 264–266, 277 f.; *Hachenburg/Ulmer* (Fußn. 4), Anh. § 30 Rz. 43 ff.; *Lutter/Hommelhoff* (Fußn. 3), § 13 Rz. 8; *Scholz/Emmerich* (Fußn. 3), § 13 Rz. 93 f.; *Weitbrecht* (Fußn. 1), S. 81 ff.

[114] OLG Hamburg BB 1973, 1231, 1232.

[115] BGHZ 54, 222.

- In einem weiteren Urteil gelangte der BGH zu der Auffassung, dass eine Unterkapitalisierung in einer GmbH allein nicht haftungsbegründend sein könne, weil das Gesetz nur ein Mindeststammkapital vorschreibe; die Bestimmungen des Insolvenzrechts sowie die Rückerstattungspflicht bei Verteilung des zur Erhaltung des Stammkapitals erforderlichen Vermögens (§§ 30, 31 GmbHG) seien ausreichend.[116]
- Hinsichtlich des „EDV-Peripherie"-Urteils des BGH[117] gehen die Meinungen darüber auseinander, ob hierin die Durchgriffshaftung wegen materieller Unterkapitalisierung eingeführt worden ist; der in diese Richtung weisende Einschätzung des Jubilars[118] ist von anderer Seite widersprochen worden.[119]
- Auch das BAG hat sich wiederholt mit der Durchgriffshaftung aufgrund materieller Unterkapitalisierung auseinandergesetzt.[120] In einer aktuellen Entscheidung[121] hat das Gericht die Haftung eines Geschäftsführers aus § 823 Abs. 2 BGB i.V.m. § 64 Abs. 1 GmbHG angenommen; daneben sei es weder rechtssystematisch geboten noch von der Sache her notwendig, auf die Regeln des Rechtsmissbrauchs zurückzugreifen, wenn es im Kern um das Problem der materiellen Unterkapitalisierung gehe; lediglich bei Hinzutreten weiterer Umstände könne eine Haftung in Betracht kommen, die sich dann aber auf diese weiteren Umstände und nicht mehr auf die Unterkapitalisierung stützen würde.
- Schließlich hat sich auch das BSG verschiedentlich zur Problematik geäußert. In einer Entscheidung aus dem Jahr 1983 erkannte das Gericht eine materielle Unterkapitalisierung als Haftungsgrund an;[122] allerdings konnten es die Richter aufgrund weiterer haftungsbegründender Tatbestände dahingestellt sein lassen, ob der Haftungsdurchgriff auch allein auf eine materielle Unterkapitalisierung hätte gestützt werden können.

Es fällt auf, dass es sich bei den Stellungnahmen der Rechtsprechung entweder lediglich um *obiter dicta* handelt oder aber den Entscheidungen nicht verallgemeinerungsfähige Einzelfälle zugrunde lagen. Für die GmbH

---

[116] BGHZ 68, 313, 319; mit ähnlicher Begründung zuletzt zuletzt i.E. ebenso OLG Dresden NZG 2000, 598, 601 und OLG Oldenburg NZG 2000, 555, 557 m. zust. Anm. *Emmerich.*

[117] BGH NJW 1994, 446 = AG 1994, 179.

[118] *Th. Raiser,* ZGR 1995, 156, 162.

[119] *Boujong,* FS Odersky, 1996, S. 739, 745 Fußn. 40; *Roth/Altmeppen* (Fußn. 3), § 13 Rz. 22.

[120] Siehe hierzu *Ehricke,* AcP 199 (1999), 257, 265 f. Fußn. 34 m.w.N.

[121] BAG ZIP 1999, 24, 26; krit. zu dieser Entscheidung *Banerjea,* ZIP 1999, 1153 ff.

[122] BSG NJW 1984, 2117, 2118 = ZIP 1984, 1217, 1219 = BSGE 56, 76, 81 f.; im Ansatz ebenso BSG ZIP 1996, 1134, 1135.

hat der BGH – soweit ersichtlich – einen Haftungsdurchgriff wegen materieller Unterkapitalisierung noch nicht angenommen. Und der ehemalige Vorsitzende Richter am BGH, Boujong, hat noch im Jahr 1996 keine Anzeichen dafür gesehen, dass das Gericht seine restriktive Haltung in dieser Frage in absehbarer Zeit aufgeben werde; seine Zurückhaltung gegenüber einem verschuldensunabhängigen Haftungsgrund findet ihren rechtfertigenden Grund darin, dass es erhebliche Schwierigkeiten bereiten würde, für die Praxis handhabbare Maßstäbe für das Kriterium der völlig unzureichenden Kapitalausstattung zu entwickeln.[123] Neben der Rechtsprechung lehnen aber auch Teile des Schrifttums die verschiedenen zuvor dargestellten Konzepte der Durchgriffshaftung aufgrund materieller Unterkapitalisierung ab und geben stattdessen einer Lösung über § 826 BGB den Vorzug.[124] Angesichts dieser grundsätzlich ablehnenden Haltung ist auch eine Rechtsprechungsänderung anlässlich der besonderen Fallkonstellationen der Scheinauslandsgesellschaft, die seit der „Centros"-Entscheidung des EuGH das Schrifttum beschäftigen,[125] nicht zu erwarten.[126]

---

[123] *Boujong,* FS Odersky, 1996, S. 739, 746.

[124] *Flume* (Fußn. 64), S. 79 ff.; *Baumbach/Hueck* (Fußn. 3), § 5 Rz. 5 f.; *Rowedder* (Fußn. 4), § 13 Rz. 27; *Schulze-Osterloh,* ZGR 1983, 123, 143 ff.; *Vonnemann* (Fußn. 6), S. 125 ff.; *Weitbrecht* (Fußn. 1), S. 81 ff.; siehe zuletzt auch OLG Oldenburg, NZG 2000, 555 ff. mit zust. Anm. *Emmerich.*

[125] Siehe etwa *Borges,* RIW 2000, 167 ff.; *Ebke,* JZ 1999, 656 ff.; *Geyrhalter,* EWS 1999, 201 ff.; *Görk,* GmbHR 1999, 793 ff.; *Göttsche,* DStR 1999, 1403 ff.; *Hammen,* WM 1999, 2487 ff.; *Hemeling,* Das Centros-Urteil des Europäischen Gerichtshofs – Praktische Folgen aus Bankensicht, in: Gesellschaftsrechtliche Vereinigung (Hrsg.), Gesellschaftsrecht in der Diskussion 1999, 2000, S. 217 ff.; *Hillmann* (Fußn. 31), S. 231 ff.; *Kiem,* Das Centros-Urteil des Europäischen Gerichtshofs – Praktische Gestaltungs- und Reaktionsmöglichkeiten aus dem Blickwinkel der Gesellschaften, in: Gesellschaftsrechtliche Vereinigung (Hrsg.), Gesellschaftsrecht in der Diskussion 1999, 2000, S. 199 ff.; *Kindler,* NJW 1999, 1993 ff.; *Kindler,* Das Centros-Urteil des Europäischen Gerichtshofs – Eine Analyse aus dem Blickwinkel des Europäischen Gemeinschaftsrechts, des Gesellschaftsrechts und des internationalen Privatrechts, in: Gesellschaftsrechtliche Vereinigung (Hrsg.), Gesellschaftsrecht in der Diskussion 1999, 2000, S. 88 ff.; *Koppensteiner,* Centros und die Folgen, in: Gesellschaftsrechtliche Vereinigung (Hrsg.), Gesellschaftsrecht in der Diskussion 1999, 2000, S. 151 ff.; *Leible,* NZG 1999, 300 ff.; *Merkt* (Fußn. 80), S. 112 ff.; *Neye,* EWiR 1999, 259 f.; *Roth,* ZIP 1999, 861–867; *Sandrock,* BB 1999, 1337–1345; *Sonnenberger/Großerichter,* RIW 1999, 721 ff.; *Steindorff,* JZ 1999, 1140 ff.; *Streinz,* JuS 1999, 810–812; *Timmer/Hülk,* JuS 1999, 1055–1058; *Ulmer,* JZ 1999, 662–665; *Werlauff,* ZIP 1999, 867–876; *Zimmer,* ZHR 164 (2000), 23 ff.

[126] *Hillmann* (Fußn. 31), S. 231, 242.

b) Vorsatz i. S. d. § 826 BGB

Die Kritik an der Anwendung des § 826 BGB auf Fälle materieller Unterkapitalisierung entzündet sich regelmäßig an den subjektiven Tatbestandsvoraussetzungen der Vorschrift. Es ist allgemein anerkannt, dass auf Seiten des Schädigers lediglich Eventualvorsatz hinsichtlich des Schadens und der Sittenwidrigkeit vorliegen muss.[127] Deshalb ist die Befürchtung geäußert worden, dass sich der über den Kapitalbedarf der Gesellschaft informierte oder auch nicht informierte Gesellschafter mit der Behauptung, er habe auf ein gutes Ende – insbesondere die Erfüllung aller Forderungen – gehofft, der Haftung des § 826 BGB entziehen könne.[128]

Besteht nach dieser Auffassung die Gefahr einer weitgehenden Haftungsfreistellung der Gesellschafter einer materiell unterkapitalisierten GmbH, zielt die Kritik vereinzelt auch in die entgegengesetzte Richtung. Danach setze man sich angesichts der geringen Nachweisanforderungen insbesondere in subjektiver Hinsicht dem Einwand aus, unter Berufung auf § 826 BGB letztlich doch zu einer der Normzwecklehre entsprechenden *objektiven* Einstandspflicht der für die Gründung oder Fortführung der unterkapitalisierten GmbH verantwortlichen Gesellschafter hinsichtlich des Ausfalls zu kommen, den die Gläubiger in der Insolvenz der GmbH erleiden.[129] Gerade die letztgenannte Auffassung vermag aber nicht zu überzeugen, da Eventualvorsatz zumindest hinsichtlich des Schadens und der Sittenwidrigkeit erforderlich ist, so dass man von einer objektiven Einstandspflicht noch weit entfernt ist.

Nicht zu überzeugen vermag auch der Einwand, die Lösung der Rechtsprechung, aus der Gefährlichkeit der Handlung auf den bedingten Vorsatz zu schließen, kollidiere mit der Regel, dass sich vorsätzliches Handeln einer typisierenden Betrachtung entziehe; zudem stelle sich die Frage nach dem verantwortlichen Personenkreis.[130] Auch diese Bedenken sprechen letztlich nicht gegen eine Anwendung des § 826 BGB, da insoweit weder eine typisierende Betrachtung vorgenommen wird noch der verantwortliche Personenkreis unbestimmbar ist.[131]

Mithin ist nicht zu befürchten, dass es zu einer ausufernden Anwendung des § 826 BGB zwecks Durchbrechung des in § 13 Abs. 2 GmbHG veran-

---

[127] Siehe etwa *Hachenburg/Ulmer* (Fußn. 4), § 30 Rz. 32; *Mertens* in: Münchener Kommentar zum BGB, 3. Aufl., 1997, § 826 Rz. 59 ff.; *Oechsler* in: Staudinger, Kommentar zum BGB, 13. Aufl., 1998, § 826 Rz. 61 ff.

[128] *Banerjea,* ZIP 1999, 1153, 1157; *Ehricke,* AcP 199 (1999), 257, 278; *Kahler,* BB 1985, 1429, 1431; *Scheel* (Fußn. 41), S. 391 f.

[129] So *Hachenburg/Ulmer* (Fußn. 4), Anh. § 30 Rz. 32.

[130] *Lutter/Hommelhoff* (Fußn. 3), § 13 Rz. 8.

[131] Siehe zu diesem Aspekt nachfolgend die Abschnitte V. 3. und 4.

kerten Haftungsprivilegs kommen wird. Aber auch an Beweisfragen muss die Rechtsverfolgung eines Gläubigers nicht scheitern. Dieser trägt zwar die Beweislast für objektiven Tatbestand, Kausalität und insbesondere den Schädigungsvorsatz. Ein solcher ist aber bereits anzunehmen, wenn sich ein Gesellschafter bewusst der Kenntnis der zukünftigen Leistungsfähigkeit einer Gesellschaft verschließt.[132] Zudem ist zuletzt eine überzeugende Parallelwertung zu den Fällen der Haftung im GmbH-Konzern und der Haftung wegen Insolvenzverschleppung vorgenommen worden.[133] Für diese Fälle hat der BGH eine sekundäre Darlegungslast entwickelt.[134] Danach kommt dem Geschädigten eine Erleichterung der Substantiierungslast zugute, weil der Beklagte im Gegensatz zum Kläger, der keinen Einblick in die Verhältnisse des Unternehmens habe, die maßgebenden Tatsachen kenne; ihm sei deshalb die Darlegung des Sachverhalts zuzumuten. Damit wird dem Informationsdefizit der klagenden Gläubiger und dem daraus resultierenden Verhandlungsungleichgewicht in angemessener Weise Rechnung getragen.

c) Fazit

Die Rechtsprechung hat bislang gezögert, einen der Ansätze des Schrifttums zur Begründung einer auf materielle Unterkapitalisierung gestützten Durchgriffshaftung zu übernehmen. Die Voraussetzungen der verschiedenen Begründungsmodelle sind (noch?) zu unbestimmt, als dass sie eine Durchbrechung der in §§ 5 Abs. 1, 13 Abs. 2 GmbHG verankerten Prinzipien rechtfertigen könnten. In den betreffenden Fällen ist etwa die Tatbestandsvoraussetzung der (qualifizierten) materiellen Unterkapitalisierung keineswegs konkreter gefasst und für die Kläger einfacher nachweisbar als der Schädigungsvorsatz i.S.d. § 826 BGB. Die subjektiven Voraussetzungen dieser Vorschrift stellen weder unüberwindbare Hürden auf noch führen sie wegen zu geringer Nachweisanforderungen zu einer objektiven Einstandspflicht der für die Gründung oder Fortführung der unterkapitalisierten GmbH verantwortlichen Gesellschafter. Vielmehr eröffnet die Anwendung einer sekundären Darlegungslast, d.h. einer abgestuften Substantiierungslast nach Risikosphären, den Zugang zu sachgerechten Entscheidungen.

---

[132] BGH NJW 1994, 2289, 2291 m.w.N.; ebenso *Banerjea,* ZIP 1999, 1153, 1157.

[133] Siehe zum Folgenden *Hillmann* (Fußn. 31), S. 231, 235 f. m.w.N.; zuvor hatten bereits *Bauder,* BB, 1993, 1103, *Kowalski,* GmbHR 1993, 253 und *Kübler,* NJW 1993, 1210 auf die Nähe der von der Judikatur entwickelten Grundsätze der Haftung im qualifiziert faktischen GmbH-Konzern zur Haftung aus qualifizierter Unterkapitalisierung hingewiesen.

[134] BGHZ 122, 123, 133 f.; 126, 181, 200.

7. Zwischenergebnis und abschließende Bewertung

Ein geschlossenes und weithin konsentiertes Konzept für die Behandlung von Ansprüchen wegen Unterkapitalisierung hat sich noch nicht herausgebildet.[135] Ein allgemeiner Haftungstatbestand der Unterkapitalisierung ist bisher weder gesichert noch hinsichtlich Voraussetzungen und Rechtsfolgen eindeutig präzisiert.[136] Die Judikatur hat sich noch nicht ausdrücklich zu einer der erwähnten Theorien bekannt, einzelne Entscheidungen spiegeln Argumentationslinien der Normzwecklehren wider, andere lehnen sich eher an die Missbrauchslehren an.

Anlässlich der Diskussionen um die GmbHG-Reform 1980[137] hielt der Gesetzgeber eine Haftung wegen materieller Unterkapitalisierung für „erwägenswert" und sah nur aufgrund praktischer Schwierigkeiten von einer Normierung ab. Zur Begründung wurde darauf hingewiesen, dass sowohl der Umfang der erforderlichen Mittel als auch der Zeitpunkt, zu dem die Mittelzuführung erforderlich würde, sich nur schwer ermitteln ließen.[138] Auch zwanzig Jahre später ist man einer Lösung der angesprochenen Probleme nicht viel näher gekommen. Es gilt auch zu beachten, dass der Gesetzgeber im Gegensatz zu anderen Bereichen (§§ 10 KWG; 2 KAGG; 5 Abs. 4, 8, 15, 53c Abs. 1, 115 VAG) im GmbH-Recht bewusst darauf verzichtet hat, für die Gesellschaften die Bereitstellung eines angemessenen Haftkapitals vorzuschreiben. Damit sprechen gegen die Einführung einer sog. Finanzierungs(folge)verantwortung nach wie vor gewichtige rechtssystematische Bedenken.

Letztlich sollte nicht übersehen werden, dass ein Unternehmen unabhängig von einer etwaigen Überschuldung gut florieren kann und dass die Haftungsbeschränkung auch in diesen Fällen anerkannt wird. Insbesondere in der Anlaufphase einer vielversprechenden Unternehmung, bei der umfangreiche Fremdmittel benötigt und auch ohne weiteres erlangt werden, wird sich häufig eine rechnerische Überschuldung ergeben, bis die Einnahmen fließen. Bei vielen am Neuen Markt notierten Aktiengesellschaften, die etwa in den Bereichen der (Internet- oder Bio-)Technologie oder der neuen Medien tätig sind, werden Gewinne erst in einigen Jahren erwartet – und gleichwohl wurde die unternehmerische Tätigkeit in den ersten Jahren des Neuen Markts mit teilweise rasant gestiegenen (allerdings später ebenso rasant gefallenen) Börsenkursen honoriert. Wenn man sich für die Einführung einer strengen Finanzierungs(folgen)verantwortung ausspricht, sollte man

---

135 *Hachenburg/Ulmer* (Fußn. 4), Anh. § 30 Rz. 35.

136 *Baumbach/Hueck* (Fußn. 3), § 5 Rz. 6.

137 Vgl. hierzu zuletzt die konzise Darstellung bei *Ehricke,* AcP 199 (1999), 257, 284 f. m. w. N.

138 Begr. RegE, BT-Drucks. 8/1347, S. 38.

auch die Auswirkungen auf dieses auf Risikokapital angewiesene Marktsegment und damit auch auf den Standort Deutschland nicht aus den Augen verlieren.

Was bleibt also zu tun, wenn man die bislang aufgezeigten Möglichkeiten des Gläubigerschutzes in Fällen materiell unterkapitalisierter Kapitalgesellschaften für unzureichend erachtet? Es scheint, als gebe es *de lege lata* keine Alternative zur Anwendung des § 826 BGB, um krasse Missbrauchsfälle rechtlich in den Griff zu bekommen. An diesem Punkt kommt dann nur noch die Schaffung eines neuen Gesellschaftstyps der Kapitalgesellschaft mit durchgehend persönlicher Gesellschafterhaftung in Betracht. Sollte diese Gesellschaftsform aber neben den bekannten und mit weitgehenden Haftungsprivilegien für die Anteilseigner ausgestatteten Kapitalgesellschaften eingeführt werden, wird sie voraussichtlich auf Investoren keine allzu große Anziehungskraft ausüben. Zudem liefe sie den tragenden Prinzipien und der Systematik des deutschen Gesellschaftsrechts zuwider. Würde der Gesetzgeber aber gleichzeitig die bislang bestehenden Haftungsprivilegien etwa der Gesellschafter einer GmbH über das bislang bestehende Maß hinaus beschneiden, müssten auch die Auswirkungen auf den gesamten Kapitalmarkt bedacht werden.

V. Folgeprobleme

Selbst wenn man sich über die hier aufgezeigten Zweifel hinwegsetzt und auf bislang unsicherer dogmatischer Grundlage eine Pflicht der Gesellschafter einer GmbH zur Ausstattung der Gesellschaft mit einem angemessenen Eigenkapital annimmt, hat man nur die erste – freilich recht hohe – rechtliche Hürde genommen. Es warten aber noch weitere Hindernisse, die zahlreiche ungeklärte Rechtsfragen aufwerfen. Diese sollen nachfolgend analysiert werden, um auf diese Weise nicht nur in der bisherigen Diskussion vernachlässigte Tatbestandsvoraussetzungen für eine Durchgriffshaftung aufgrund materieller Unterkapitalisierung anzusprechen, sondern auch die gesamte Spannweite der damit verbundenen Rechtsproblematik aufzuzeigen. Die anzusprechenden Probleme stellen sich übrigens teilweise auch, wenn man mit der Rechtsprechung einer Haftung über § 826 BGB den Vorzug einräumt (etwa hinsichtlich Kausalität und Zurechenbarkeit, Umfang der Haftung oder Kenntnis der Gläubiger von der Unterkapitalisierung).

1. Bestimmung einer Unterkapitalisierung

Die Bestimmung einer Unterkapitalisierung wirft erhebliche tatsächliche Probleme auf und hat zu verschiedenen gedanklichen Problemannäherungen geführt. Hier sollen nur die Hauptströmungen der Diskussion nachgezeichnet und gewürdigt werden[139]. Verbreitete Zustimmung hat ein von Ulmer zu einem Gesamtkonzept ausgearbeiteter Ansatz gefunden.[140] Danach soll eine Gesellschaft als unterkapitalisiert anzusehen sein, wenn das Eigenkapital nicht ausreicht, um den nach Art und Umfang der angestrebten oder tatsächlichen Geschäftstätigkeit unter Berücksichtigung der Finanzierungsmethoden bestehenden, nicht durch Kredite Dritter zu befriedigenden mittel- oder langfristigen Kapitalbedarf zu decken. Um ein unerwünschtes Ausufern des Tatbestandes zu verhindern, wird eine sog. qualifizierte Unterkapitalisierung für erforderlich gehalten. Hierbei soll es sich um eine eindeutig und für Insider klar erkennbar unzureichende Kapitalausstattung der Gesellschaft handeln, die einen Misserfolg zu Lasten der Gläubiger bei normalem Geschäftsverlauf mit hoher, das gewöhnliche Geschäftsrisiko deutlich übersteigender Wahrscheinlichkeit erwarten lässt.[141] Schließlich sollen der GmbH tatsächlich gewährte und im Unternehmen belassene eigenkapitalersetzende Gesellschafterdarlehen bei der Feststellung materieller Unterkapitalisierung dem Eigenkapital hinzuzurechnen sein, soweit es nicht um ganz kurzfristige, für die Finanzierung der Geschäftstätigkeit der GmbH ungeeignete Mittel geht.[142]

Bereits beim ersten Lesen fällt auf, dass dieser Ansatz an verschiedene unbestimmte und damit auslegungsbedürftige Voraussetzungen geknüpft ist: Welches ist der mittel- oder langfristige Kapitalbedarf, den es zu decken gilt? Wann liegt eine eindeutig und für Insider klar erkennbar unzureichende Kapitalausstattung vor? Oder wann ist eine das gewöhnliche Geschäftsrisiko deutlich übersteigender Wahrscheinlichkeit gegeben?

Deshalb wird man auch mit der dargestellten Methode in der Regel den Finanzbedarf weder exakt noch zweifelsfrei bestimmen können. Gleichwohl werden die Maßstäbe insbesondere für die sog. qualifizierte materielle Unterkapitalisierung als hinreichend exakt angesehen, zumal der verbleibende Beurteilungsspielraum der Gerichte unvermeidlich und letztlich auch nicht

---

[139] Zu einer ausführlichen Auseinandersetzung mit dem Meinungsstand siehe *Vonnemann* (Fußn. 6), S. 131 ff.; *Weitbrecht* (Fußn. 1), S. 20 ff.

[140] *Hachenburg/Ulmer* (Fußn. 4), Anh. § 30 Rz. 14 ff.; zustimmend *Drüke* (Fußn. 31), S. 30 ff.; *Lutter/Hommelhoff,* ZGR 1979, 31, 59 f.; *Th. Raiser,* ZGR 1995, 156, 166 f.; *Timm,* ZHR 156 (1992), 281, 283; *Weitbrecht* (Fußn. 1), S. 23 f.; krit. hingegen *Ehricke,* AcP 199 (1999), 257, 277, 281–283; *Vonnemann* (Fußn. 6), S. 180 ff.; *ders.,* GmbHR 1992, 77, 82.

[141] So *Hachenburg/Ulmer* (Fußn. 4), Anh. § 30 Rz. 55 sowie im Anschluß daran die vorherrschende Auffassung, vgl. stellvertretend *Stimpel,* FS Goerdeler, 1987, S. 601, 608 sowie ausführlich *Weitbrecht* (Fußn. 1), S. 29 ff. Eine Haftung jedoch bereits bei einfacher Unterkapitalisierung befürwortend *Immenga* (Fußn. 78), S. 403, 416 f.; *Wiedemann* (Fußn. 17), § 10 IV 3 b (S. 572); *Winkler,* BB 1969, 1202, 1207.

[142] *Hachenburg/Ulmer* (Fußn. 4), Anh. § 30 Rz. 57.

größer als in anderen Fällen sei. Die Lösung soll nach einer im Vordringen befindlichen Ansicht durch die Nähe des Problems zum Recht der eigenkapitalersetzenden Gesellschafterdarlehen wesentlich erleichtert werden.[143] Wenn sich das Kriterium der Kreditwürdigkeit als Abgrenzungsmerkmal bei der sog. nominellen Unterkapitalisierung bewährt habe, dann solle dies ebenso oder sogar erst recht bei der materiellen Unterkapitalisierung möglich sein; denn im letzteren Fall werde man häufiger als im ersteren das hypothetische Urteil („hätte die Gesellschaft noch Kredite erhalten können“) auf die reale Grundlage zurückführen können, dass (Fremd-)Kredite tatsächlich entweder gewährt oder verweigert wurden.[144]

Allerdings ist zweifelhaft, ob die Parallele zu den eigenkapitalersetzenden Gesellschafterdarlehen, d.h. die Gleichsetzung von Unterkapitalisierung mit Kreditunwürdigkeit, stimmig ist.[145] Denn im Falle einer nominellen Unterkapitalisierung sind der Gesellschaft finanzielle Mittel tatsächlich zur Verfügung gestellt worden, weil der betreffende Gesellschafter eine zusätzliche Kapitalzuführung für erforderlich hielt. An einer derartigen bewussten und Vertrauenstatbestände schaffenden Finanzierungsentscheidung fehlt es aber gerade in Fällen der (qualifizierten) materiellen Unterkapitalisierung. Darüber hinaus kann eine solche *ex ante* nicht hinreichend genau bestimmt werden. Vielmehr könnte ein Gesellschafter im Weg der Durchgriffshaftung für eine Ausstattung seiner Gesellschaft mit Eigenkapital haftungsrechtlich in Anspruch genommen werden, die sich erst *ex post* durch umfangreiche Berechnungen als viel zu gering erwiesen hat und die er daher im Zeitpunkt der Finanzierungsentscheidung noch gar nicht als unzureichend erkennen konnte.[146]

2. Maßgeblicher Zeitpunkt (anfängliche/nachträgliche Unterkapitalisierung)

Nach allgemeiner Auffassung greift die Haftung sowohl bei anfänglicher als auch nachträglicher Unterkapitalisierung ein.[147] Gerade der letztgenannte Fall begründet aber für die Gesellschafter erhebliche Gefahren,

---

[143] Ausführlich *Roth,* ZGR 1993, 170, 182 f.; siehe auch *Th. Raiser,* ZGR 1995, 156, 166 f.

[144] *Roth,* ZGR 1993,170, 183; i.E. ebenso *Weitbrecht* (Fußn. 1), S. 24–28.

[145] Zweifelnd *Haas* (Fußn. 2), S. 148; *Lutter/Hommelhoff* (Fußn. 3), § 13 Rz. 6; a.A. indes *Weitbrecht* (Fußn. 1), S. 28 ff.; *Roth,* ZGR 1993, 170, 182 f.

[146] So der Einwand von *Boujong,* GmbHR 1992, 207, 208; *ders.,* FS Odersky, 1996, S. 739, 746; zu weiteren Punkten der Kritik siehe auch *Ehricke,* AcP 199 (1999), 257, 283 [„Die theoretisch herausgearbeiteten Tatbestandsmerkmale [sind] in der Praxis schlicht nicht umsetzbar.“]; *Haas* (Fußn. 2), S. 147; *Vonnemann,* GmbHR 1992, 77, 79 ff.

[147] Siehe stellvertretend *Hachenburg/Ulmer* (Fußn. 4), Anh. § 30 Rz. 56.

müssten sie doch eigentlich zur Erhaltung ihres Haftungsprivilegs das Stammkapital ständig den sich verändernden Unternehmensrisiken anpassen. Dabei handelt es sich um „eine praktisch ganz unmögliche und die Verwendungsfähigkeit der GmbH vernichtende Forderung".[148] Deshalb hat Stimpel vorgeschlagen, die Durchgriffshaftung als notwendige Konsequenz jeder Art von Defunktionalisierung der Kapitalsicherungsvorschriften nur bei solchen Einschnitten im Leben einer GmbH anzuwenden, die einer Neugründung ähnlich sind.[149]

Zweifelhaft ist bereits, ob sich derartige Konstellationen mit hinreichender Sicherheit im Voraus bestimmen lassen. Zudem wären sachgemäße Abgrenzungen kaum durchführbar und könnten letztlich in eine unberechenbare Einzelfallgerechtigkeit münden. So ist etwa die vertragliche Bindung an einen den größten Teil der Produktionskapazität beanspruchenden Großkunden sicherlich einer Neugründung nicht ähnlich, in finanzieller Hinsicht – etwa bei einer Insolvenz dieses Großkunden – für die Gesellschaftsgläubiger aber mindestens ebenso gefährlich wie die einer Neugründung vermutlich gleichzustellenden Unternehmensakquisition. Darüber hinaus ist es nicht unwahrscheinlich, dass einschneidende unternehmerische Veränderungen gerade nicht mehr durchgeführt werden können, wenn eine Verpflichtung zur entsprechenden Anpassung des Stammkapitals besteht. Hier stellt sich die grundlegende Frage nach dem Zweck, den der Gesetzgeber seinerzeit mit der Einführung einer Gesellschaft mit lediglich beschränkter Haftung verfolgt hatte. Mag auch der Gläubigerschutz zuletzt angesichts hoher Insolvenzzahlen an Aufmerksamkeit und Bedeutung gewonnen haben, so sollten doch daneben die gesamtwirtschaftlichen Auswirkungen nicht aus den Augen verloren werden.

3. Kausalität und Zurechenbarkeit

Zu den weiteren Tatbestandsvoraussetzungen einer Durchgriffshaftung gehört auch die Kausalität zwischen Unterkapitalisierung und Insolvenzreife.[150] Eine anfängliche Unterkapitalisierung wird man regelmäßig allen Gesellschaftern zurechnen können, die der Aufnahme der Geschäfte zugestimmt haben. Demgegenüber wird man eine nachträgliche Unterkapitalisierung nur noch denjenigen Gesellschaftern zurechnen können, die gestaltend

---

[148] *Stimpel,* FS Goerdeler, 1987, S. 601, 609.

[149] *Stimpel,* FS Goerdeler, 1987, S. 601, 609; zustimmend *Canaris,* FS Giger, 1989, S. 91, 122.

[150] Grundlegend zur Kausalitäts- und Zurechenbarkeitsproblematik *Hachenburg/ Ulmer* (Fußn. 4), Anh. § 30 Rz. 58–60 m. w. N.; siehe daneben auch *Th. Raiser,* ZGR 1995, 156, 168; *Stimpel,* FS Goerdeler, 1987, S. 601, 612 f.; *Weitbrecht* (Fußn. 1), S. 47 f.

auf die Geschicke der Gesellschaft Einfluss genommen haben oder hätten nehmen können.[151] Da es sich bei der Kausalität der Unterkapitalisierung für die Insolvenzreife um ein haftungsbegründendes Tatbestandsmerkmal handelt, sind insoweit grundsätzlich die Gesellschaftsgläubiger beweisbelastet. Dieser Beweis wird in der Praxis sicherlich oft nicht leicht zu führen sein, wenn die Gesellschafter einwenden, die Insolvenzreife sei nicht auf die behauptete unzureichende Kapitalzufuhr durch die Gesellschafter zurückzuführen, sondern auf anhaltende, das normale Geschäftsrisiko deutlich übersteigende Verluste. Diese beiden denkbaren Ursachen für einen Unternehmenszusammenbruch werden vielfach nur schwer gegeneinander abgegrenzt werden können, zumal die Übergänge fließend sind und somit die genannten Ursachen durchaus nebeneinander vorliegen können.

Nicht zuletzt diese für die klagenden Gesellschaftsgläubiger ungünstige prozessuale Lage hat Stimpel veranlasst, sich für eine faktische Beweislastumkehr auszusprechen.[152] Nach seiner Auffassung sei die Ursächlichkeit zu vermuten, der Kläger brauche sie nicht zu beweisen, vielmehr könne der verklagte Gesellschafter die Vermutung ausräumen; diesem stehe beispielsweise bei der anfänglichen Unterkapitalisierung frei nachzuweisen, die Verluste beruhten auf anderen Umständen, deretwegen sie auch durch ein höheres Anfangskapital nicht abzuwenden gewesen wären. Ob das bei der nachträglichen Unterkapitalisierung auch so sein könne, könne wegen der dort bestehenden Abgrenzungsschwierigkeiten nicht unzweifelhaft sein.

Eine solch grundlegende Umverteilung der Beweislast ist zweifelhaft, da sie wiederum auf der rechtlich keinesfalls gesicherten Annahme einer Finanzierungs(folgen)verantwortung der GmbH-Gesellschafter beruht. Es stellt sich die Frage, ob sich die rechtlichen Folgerungen – Finanzierungs(folgen)verantwortlichkeit, undeutliche Zurechenbarkeitstatbestände, faktische Beweislastumkehr – letztlich nicht lähmend auf die Geschäftstätigkeit der GmbH auswirken. Die unternehmerische Risikofreudigkeit, der mit dieser Gesellschaftsform zum Durchbruch verholfen werden sollte, wird mittelbar wieder beschnitten. Das ist bedenklich, weil die rechtlichen Grundlagen für diese weitreichenden, den Gläubigerschutz einseitig betonenden Rechtsfolgen weder im Gesetz verankert noch von der Judikatur jemals nachvollzogen worden sind.

---

[151] Nach h.M. ist aber auch im Fall einer nachträglichen Unterkapitalisierung die Durchgriffshaftung stets nur ultima ratio, d.h. sie kommt erst im Insolvenzfall in Betracht; vgl. *Banerjea,* ZIP 1999, 1159, 1162; *Hachenburg/Ulmer* (Fußn. 4), Anh. § 30 Rz. 61; *Immenga* (Fußn. 78), S. 411; *O. Kuhn* (Fußn. 78), S. 218; *Th. Raiser,* ZGR 1995, 156, 167 f.; *Stimpel,* FS Goerdeler, 1987, S. 601, 616; *Weitbrecht* (Fußn. 1), S. 48 f. m.w.N.

[152] *Stimpel,* FS Goerdeler, 1987, S. 601, 619.

Bedenken hinsichtlich eines für den Gesellschafter in tatsächlicher Hinsicht nur schwer widerlegbaren prima-facie-Beweises hegt auch Timm;[153] denn bei einem solchen rechtlichen Ausgangspunkt liefen auch Gesellschafter mit Kleinstanteilen und ausschließlich kapitalistischem Interesse am Unternehmensbetrieb Gefahr, Ausfälle der GmbH-Gläubiger tragen zu müssen, obschon sie typischerweise weder Einflussmöglichkeiten noch genaue Kenntnisse über Geschäftsinterna besäßen. Es spreche deshalb mehr dafür, eine Ausgrenzung dieses Personenkreises bereits auf der Ebene des objektiven Tatbestandes vorzunehmen. Erforderlich sei, dass der Gesellschafter die Möglichkeit gehabt habe, angesichts der Schieflage des Unternehmens dessen Beendigung herbeizuführen. Und davon kann, wie sich aus der Vorschrift des § 61 Abs. 2 GmbHG ableiten lässt, erst dann ausgegangen werden, wenn die Geschäftsanteile des Gesellschafters zusammen mindestens 10% des Stammkapitals entsprechen. Erst bei Überschreiten dieser Schwelle kann der Gesellschafter bei Vorliegen eines wichtigen Grundes – dies könnte die Fortführung eines qualifiziert unterkapitalisierten Unternehmens sein – durch Auflösungsklage die Einstellung des Geschäftsbetriebs herbeiführen. Zudem wird unter Hinweis auf § 32a Abs. 3 Satz 2 GmbHG die Sonderstellung der über eine sog. Zwergbeteiligung verfügenden Gesellschafter hervorgehoben.[154] Nach dieser Vorschrift gelten die Regeln über den Eigenkapitalersatz nicht für einen nicht geschäftsführenden Gesellschafter, der mit 10% oder weniger am Stammkapital beteiligt ist.

Ob tatsächliche Vermutung der Ursächlichkeit oder prima-facie-Beweis, ob generelle faktische Beweislastumkehr oder Ausnahmen zugunsten Gesellschaftern mit einer Zwergbeteiligung – es ist zu erwarten, dass die Rechtsprechung keinen dieser Ansätze zur weitgehenden Aushebelung elementarer Beweislastregeln übernehmen wird. Wie bereits dargelegt,[155] sind die Fälle einer Haftung innerhalb eines Konzerns mit denjenigen einer (qualifizierten) materiellen Unterkapitalisierung strukturell durchaus vergleichbar, wobei sich die Tatbestände vielfach überlappen. Deshalb liegt die Vermutung nahe, dass die Rechtsprechung diejenigen Beweislastregeln übernehmen würde, die im Hinblick auf Haftungsfälle entwickelt worden sind, die bislang unter der Bezeichnung „Haftung im qualifiziert faktischen Konzern" diskutiert wurden. Diese lassen sich mit den zuvor beschriebenen Modifikationen der allgemeinen Beweislastregel nicht in Einklang bringen. Nach dem TBB-Urteil[156] haftet ein herrschendes Unternehmen nur dann

---

153 *Timm,* ZHR 156 (1992), 281, 284.

154 Zur Bedeutung dieser Vorschrift für die Durchgriffshaftung aufgrund materieller Unterkapitalisierung siehe *Banerjea,* ZIP 1999, 1153, 1160; zu den Grenzen der in § 32a Abs. 3 S. 2 GmbHG verankerten Freistellung von den Regeln des Eigenkapitalersatzrechts siehe stellvertretend *K. Schmidt,* GmbHR 1999, 1269 ff. m.w.N.

155 Siehe oben Abschnitt IV. 6. b) a.E.

analog §§ 302, 303 AktG, wenn es die Konzernleitungsmacht in einer Weise ausübt, die keine angemessene Rücksicht auf die eigenen Belange der abhängigen Gesellschaft nimmt, ohne dass sich der zugefügte Nachteil durch Einzelausgleichsmaßnahmen kompensieren ließe. Die dauernde und umfassende Ausübung der Leitungsmacht allein begründet aber – anders als noch im Video-Urteil[157] formuliert – *nicht* die Vermutung, dass keine angemessene Rücksicht auf die Belange der abhängigen Gesellschaft genommen worden ist.[158] Der Kläger muss vielmehr Umstände darlegen und beweisen, die für eine solche Annahme sprechen; dabei können die Gerichte ihm jedoch Beweiserleichterungen gewähren. Damit kann auch beim Tatbestand der Durchgriffshaftung aufgrund materieller Unterkapitalisierung allenfalls mit Beweiserleichterungen im Einzelfall (etwa einer nach Risikosphären abgestuften Substantiierungslast), indes keineswegs mit einer generellen Beweislastumkehr durch die Judikatur gerechnet werden.

4. Erfordernis subjektiver Kriterien?

Wie bereits dargelegt,[159] stellen im Rahmen des § 826 BGB die subjektiven Tatbestandsvoraussetzungen kein unüberwindbares Hindernis für die Anspruchsdurchsetzung dar. Dieser Ansatz wird zwar im Schrifttum weitgehend abgelehnt. Unter den Verfechtern der verschiedenen Ansätze zur Begründung einer Durchgriffshaftung aufgrund materieller Unterkapitalisierung ist aber gleichwohl umstritten, ob es des Nachweises bestimmter subjektiver Kriterien auf Seiten der Gesellschafter bedarf. Nach einer Auffassung soll für das Erfordernis eines Verschuldensnachweises und damit die Erkennbarkeit der Unterkapitalisierung die Unbestimmtheit des Unterkapitalisierungstatbestandes sprechen; denn es gebe keine betriebswirtschaftlichen Kriterien, anhand derer der Eigenkapitalbedarf einer Gesellschaft a priori ermittelt werden könne.[160] Diesen Ansatz weiter modfizierend wird darauf hingewiesen, dass sich die Haftung nicht auf die Unterlassung

---

[156] BGHZ 122, 123, 130 ff.

[157] BGHZ 115, 187, 190.

[158] So hat sich der BGH auch in einem Beschluss vom 20. 3. 2000, in dem er eine Revision nicht zur Entscheidung annahm (BGH DStR 2000, 1065 f.), stillschweigend der Auffassung der Vorinstanz (OLG Rostock NZG 1999, 171 – auszugsweise) angeschlossen, dass die objektiv missbräuchliche Ausübung von Leitungsmacht im Konzern kein Anwendungsfall einer „Gefährdungshaftung mit Kausalitätsvermutung" sei.

[159] Siehe oben Abschnitt IV. 6. b).

[160] *Roth,* ZGR 1993, 170, 200; *Roth/Altmeppen* (Fußn. 3), § 13 Rz. 24; *K. Schmidt* (Fußn. 6), § 9 IV 4 c (S. 250 f.); einschränkend *Banerjea,* ZIP 1999, 1153, 1159, der eine Durchgriffshaftung davon abhängig macht, „dass die Unterkapitalisierung erkennbar, ja evident sein muss".

von Eigenkapitalzufuhr beziehe, sondern allein auf das sorgfaltswidrige Betreiben von Geschäften zum Nachteil des konkret vorhandenen Gesellschaftsvermögens, dessen Schutz alternativ Eigenkapitalzufuhr, Betriebseinstellung oder gegebenenfalls Beschränkung oder Änderung des Unternehmensgegenstandes verlange.[161] Für das Erfordernis des Nachweises subjektiver Kriterien spricht zudem, dass andernfalls GmbH-Gesellschafter bereits vor Eintritt der Insolvenzreife in der Form der Eigenkapitalzufuhr zu einem bestimmten Handeln verpflichtet wären, obgleich andere, insbesondere das Gesellschaftervermögen weniger belastende und rechtlich zulässige Handlungsoptionen bestehen.

Die Gegenauffassung[162] hält allein das objektive Missverhältnis zwischen dem für ein vernünftiges Wirtschaften erforderlichen und dem tatsächlich vorhandenen Eigenkapital für erforderlich. Danach seien subjektive Elemente nur schwer dem Beweis zugänglich, so dass „man damit doch wieder das mit der unzulänglichen Finanzierung verbundene Risiko auf die Gläubiger abwälzen würde.“[163] Im übrigen wird darauf hingewiesen, dass es eben weniger um die Gesinnung des Gesellschafters gehe, sondern um die normative Funktion des Kapitals als Finanzpolster der GmbH.[164] Unausgesprochen steht hinter dieser Auffassung die Befürchtung, dass ein an subjektive Voraussetzungen geknüpfter Durchgriffsanspruch sich oftmals nicht durchsetzen lassen wird. Um gleichwohl das Ziel eines umfassenden Gläubigerschutzes nicht zu gefährden, wird die Durchgriffshaftung gleichsam in eine Gefährdungshaftung umfunktioniert. Für einen derartigen Bruch mit den Prinzipien des verschuldensabhängigen Schadensersatzanspruchs und der Beweislastverteilung hätte man durchaus eine fundiertere Begründung erwarten können. Der Hinweis auf den Gläubigerschutz mutet in diesem Zusammenhang aber ergebnisorientiert an und erschöpft sich in der Wiederholung von heute nicht mehr überzeugenden Normzweckerwägungen.

5. Außen- oder Innenhaftung?

Auch im Hinblick auf die Frage, ob der Haftungsdurchgriff aufgrund materieller Unterkapitalisierung als Außen- oder Innenhaftung auszugestalten ist, sind sich die Anhänger der Durchgriffslehren uneinig. Verbreitet wird eine Außenhaftung analog § 128 HGB befürwortet,[165] wobei der verspätete Zuschuss des erforderlichen Kapitals nicht mehr ausreiche.[166] Zur Begrün-

---

161 *Roth/Altmeppen* (Fußn. 3), § 13 Rz. 24, 26.

162 *Lutter/Hommelhoff* (Fußn. 3), § 13 Rz. 6; *Stimpel,* FS Goerdeler, 1987, S. 601, 612; ähnlich *Th. Raiser,* ZGR 1995, 156, 168, der sich für die Einführung eines „Kriteriums der objektiven Zurechenbarkeit“ ausspricht.

163 *Banerjea,* ZIP 1999, 1153, 1159.

164 Vgl. *Lutter/Hommelhoff* (Fußn. 3), § 13 Rz. 6.

dung wird u. a. darauf verwiesen, dass es andernfalls zu einer Doppelbelastung der Gläubiger komme.[167]

Auch diese Auffassung widerspricht dem gesetzlichen Haftungskonzept sowie dem Grundsatz des eigenverantwortlichen Handelns. Das sonstige Recht der GmbH wird vom Prinzip des mittelbaren Gläubigerschutzes beherrscht, allein die Durchgriffshaftung wegen qualifizierter materieller Unterkapitalisierung soll aus Gründen des Gläubigerschutzes zu einer Außenhaftung der Gesellschafter führen.[168] Dabei zeigt sich, dass nicht nur die argumentative Basis der vorherrschenden Ansicht im Schrifttum brüchig ist, sondern sich auch die auf eine Außenhaftung gerichtete Rechtsfolge nicht in die Gesetzessystematik einfügen lässt.

Die Gegenauffassung spricht sich für eine Innenhaftung aus,[169] da die Finanzierungsverantwortung nur gegenüber der Gesellschaft und nicht gegenüber Dritten bestehe. Zudem wird durch einen Binnenausgleich ein Wettlauf der Gläubiger vermieden. Für die Vorzugswürdigkeit dieses Ansatzes spricht auch die Rechtsprechung des BGH sowie des BAG und des BSG zur Haftung in der Vor-GmbH.[170] Übereinstimmend wird in diesen Konstellationen eine anteilige Innenhaftung des Gesellschafters gegenüber der Gesellschaft auf Ausgleich der eingetretenen Anfangsverluste favorisiert. Ein unmittelbarer Zugriff des Gläubigers wird nur ausnahmsweise für zulässig gehalten, wenn die GmbH vermögenslos ist, keinen Geschäftsführer mehr hat, die Stellung eines Insolvenzantrags keine Aussicht auf Erfolg verspricht und weitere Gläubiger nicht vorhanden sind.[171] In der praktischen Konsequenz reduzieren sich die Unterschiede zwischen Innen- und

---

165 *Drüke* (Fußn. 31), S. 44; *Hachenburg/Ulmer* (Fußn. 4), Anh. § 30 Rz. 52 („subsidiäre Ausfallhaftung") und Rz. 64 (im Anschluß an *Lutter/Hommelhoff,* ZGR 1979, 31, 62 f.: Ausnahme, wenn der Insolvenzverwalter analog § 171 Abs. 2 HGB befugt ist, an Stelle der GmbH-Gläubiger deren Ansprüche gegen die Gesellschafter gebündelt geltend zu machen); *Lutter/Hommelhoff* (Fußn. 3), § 13 Rz. 7; *Lutter,* DB 1994, 129 m.w.N.; *Th. Raiser,* ZGR 1995, 156, 168; ähnlich *Koppensteiner,* GmbHG, 2. Aufl., 1999, § 61 Rz. 38 im Hinblick auf das österreichische Recht; siehe auch *Scheel* (Fußn. 41), S. 376; vgl. schließlich auch *Hachenburg/Mertens* (Fußn. 4), Anh. § 13 Rz. 21.

166 *Lutter/Hommelhoff* (Fußn. 3), § 13 Rz. 7 m.w.N.

167 Siehe etwa *Th. Raiser,* ZGR 1995, 156, 168.

168 *Stimpel,* FS Goerdeler, 1987, S. 601, 613 f.

169 Siehe *Banerjea,* ZIP 1999, 1153, 1159; *Roth,* ZGR 1993,170, 204–207; *Roth/Altmeppen* (Fußn. 3), § 13 Rz. 24; *K. Schmidt* (Fußn. 6), § 9 IV 4 c bb (S. 251); *ders.,* ZIP 1988, 1497, 1505 f.; differenzierend *Stimpel,* FS Goerdeler, 1987, S. 601, 616–618.

170 GrundlegendBGHZ 134, 333, 334 ff.; BAG ZIP 1997, 1544, 1546; BSG ZIP 1996, 1548; siehe auch BGHZ 140, 35; 143, 314; BGH ZIP 2001, 789 f.; BAG ZIP 1997, 2199; 2000, 1546; BSG ZIP2000, 494; BSG NZG 2000, 611.

171 Zu einem solchen Fall siehe BAG ZIP 1997, 1544–1546.

Außenhaftung auf die Frage, ob die Abwicklung die Gesellschaft oder die Gläubiger zu tragen haben.

Gibt man aus den dargestellten Gründen einem Binnenhaftungskonzept den Vorzug, stellt die Unterkapitalisierungshaftung an sich keinen originären Durchgriffsfall dar, weil es dem Wortlaut nach bei dem Haftungsprivileg des § 13 Abs. 2 GmbHG bleibt.[172] Damit ist dieser Ansatz nicht nur eher mit der höchstrichterlichen Rechtsprechung vereinbar, sondern lässt sich auch in das gesetzliche Haftungskonzept einfügen.

6. Umfang der Haftung

Der Umfang der Durchgriffshaftung wird unterschiedlich beurteilt. Insbesondere im älteren Schrifttum finden sich Anhänger einer bloßen Differenzhaftung,[173] während sich zuletzt immer mehr Stimmen für eine unbeschränkte Haftung ausgesprochen haben.[174] Einigkeit besteht indes über die gesamtschuldnerische Haftung der für die Unterkapitalisierung verantwortlichen Gesellschafter.[175] Es trifft zwar zu, dass die der Gesellschaft aufgrund der Unterkapitalisierung erwachsenden Verluste regelmäßig die Höhe des ursprünglich erforderlichen Kapitals um ein Vielfaches übersteigen.[176] Kann dieser Umstand allein aber eine unbeschränkte persönliche Haftung, wie sie sonst nur aus dem Personengesellschaftsrecht bekannt ist, begründen? Letztlich werden die Gesellschafter in kaum zu rechtfertigender Weise schlechter gestellt, als wenn sie die Gesellschaft von vornherein mit ausreichendem Eigenkapital ausgestattet hätten. Oder sollte die unbeschränkte persönliche Haftung präventiv wirken und dementsprechend einen „Strafzuschlag" enthalten? Auch die übrigen Begründungen fordern Widerspruch heraus: Mit erfrischender Offenheit hat zuletzt Banerjea festgestellt, es gehe nicht darum, „dass die Gesellschafter ihre ursprünglichen Pflichten nachholen, dass sie den Haftungsstock im Nachhinein auffüllen, sondern darum, dass sie das Risiko der Unterkapitalisierung tragen."[177] Zudem sei zumeist auch gar nicht mehr ex post festzustellen, wie viel Eigenkapital der Gesellschaft zur Verfügung hätte gestellt werden müssen.[178] Diese Einschätzung

---

[172] *Banerjea,* ZIP 1999, 1153, 1159.

[173] *Immenga* (Fußn. 78), S. 410; *O. Kuhn* (Fußn. 78), S. 219 f.; *E. Rehbinder* (Fußn. 78), S. 123 f.; *Winkler,* BB 1969, 1202, 1205 f.

[174] *Banerjea,* ZIP 1999, 1153, 1159; *Hachenburg/Ulmer* (Fußn. 4), Anh. § 30 Rz. 62 m.w.N. in Fußn. 125; *Koppensteiner* (Fußn. 165), § 61 Rz. 35 a.E.; *Th. Raiser,* ZGR 1995, 156, 168 f.; *Wiedemann* (Fußn. 17), § 10 IV 3 (S. 572); *Wüst,* JZ 1995, 990, 995.

[175] *Hachenburg/Ulmer* (Fußn. 4), Anh. § 30 Rz. 63.

[176] *Hachenburg/Ulmer* (Fußn. 4), Anh. § 30 Rz. 62 m.w.N.

[177] *Banerjea,* ZIP 1999, 1153, 1159, differenzierend hingegen *Stimpel,* FS Goerdeler, 1987, S. 601, 616–618.

steht aber in Widerspruch zu der im Schrifttum vorherrschenden Ansicht, die eine Durchgriffshaftung aufgrund (qualifizierter) materieller Unterkapitalisierung und insbesondere eine sicherlich nicht weniger komplizierte exakte Bestimmung des Zeitpunkts für den Unterkapitalisierungseintritt für möglich erachtet. Schließlich stellt sich die Frage, wer die maßgeblichen Umstände zuverlässig ermitteln, bewerten und sodann das Eigenfinanzierungsgebaren der Gesellschafter kontrollieren soll.

7. Kenntnis der Gläubiger von der Unterkapitalisierung

Eine bis zum heutigen Tag Gültigkeit beanspruchende Feststellung hat das Hanseatische OLG Hamburg bereits im Jahr 1973 getroffen:

> „[Die Mindesthöhe des Stammkapitals] soll im Rahmen der Reform des GmbH-Rechts nur auf 50000,– DM heraufgesetzt, nicht aber kraft Gesetzes in eine Relation zum Gesellschaftszweck gebracht werden. Bei dieser Rechtslage kann auch der nach Treu und Glauben zu schützende Verkehr nicht davon ausgehen, dass eine GmbH im Regelfalle mit hinreichenden Mitteln ausgestattet wäre, jedes denkbare wirtschaftliche Risiko aufzufangen. Die Grenze des Schutzbedürfnisses des redlichen Verkehrs wird daher erst dann erreicht, wenn eine GmbH ein wirtschaftliches Projekt in Angriff nimmt, das auch bei Berücksichtigung des dem Wirtschaftsleben immanenten und für gewöhnlich hingenommenen Risikos mit den zur Verfügung stehenden Mitteln von vornherein erkennbar keinesfalls bewältigt werden kann.“[179]

Und an das dem Wirtschaftsverkehr immanente und für gewöhnlich hingenommene Risiko sind heutzutage sicherlich andere Maßstäbe anzulegen als vor fast drei Jahrzehnten. Die Neigung auch zu riskanten Anlageformen steigt. Der Rechtsverkehr ist damit vertraut, dass überdurchschnittliche Renditen mit überdurchschnittlichem Risiko erkauft werden müssen.

Der BGH hat zwar in diesem Zusammenhang entschieden, dass die Kenntnis der Gläubiger von einem (zu) geringen Stammkapital der GmbH im Hinblick auf ihren Anspruch auf Ersatz des gesamten Kontrahierungsschadens keinen Abzug unter dem Gesichtspunkt des Mitverschuldens (§ 254 BGB) rechtfertige, weil das Risiko einer materiellen Unterkapitalisierung nicht dem Gläubiger aufgebürdet werden dürfe.[180] Allerdings bezog sich diese Aussage auf die deliktische Haftung des Geschäftsführers nach § 823 Abs. 2 BGB i.V.m. § 64 Abs. 1 GmbHG und ist damit nicht auf die Problematik der die Gesellschafter treffenden Durchgriffshaftung übertragbar.

Sofern der Gläubiger Kenntnis von der Unterkapitalisierung hatte, lehnt K. Schmidt gleichwohl eine Haftung der Gesellschafter ab, weil es insoweit

---

[178] *Banerjea,* ZIP 1999, 1153, 1159.

[179] OLG Hamburg BB 1973, 1231, 1232.

[180] BGHZ 126, 181, 201; zustimmend *Roth/Altmeppen* (Fußn. 3), § 13 Rz. 23.

an einem Vertrauenstatbestand fehle.[181] Andere Stimmen im Schrifttum stellen in derartigen Konstellationen indes wesentlich strengere Anforderungen an eine Haftungsprivilegierung der Gesellschafter. So wird die Ansicht vertreten, ein Gläubiger der GmbH könne sich auf die persönliche Haftung der Gesellschafter dann nicht berufen, wenn er die schlechte Finanzlage der GmbH kannte; das betreffe vor allem solche Gläubiger, denen zeitnahe Bilanzen oder ähnliches zur Verfügung gestanden hätten.[182] Es fragt sich, ob diese Einschränkung nicht zu eng ist. Denn wem stehen schon zeitnahe Bilanzen zur Verfügung?

Von anderer Seite ist darauf hingewiesen worden, der Masse der kleinen Waren- und Dienstleistungsgläubiger gegenüber reiche der Hinweis auf die Registerpublizität der GmbH-Bilanzen nicht aus, um das unverkennbare, durch die Rechtstatsachen zur Insolvenzanfälligkeit der GmbH unterstrichene Schutzbedürfnis in Frage zu stellen; allerdings könne es im Einzelfall an der Schutzbedürftigkeit eines Gläubigers fehlen, wenn dieser in voller Kenntnis der finanziellen Lage der GmbH bewusst das Risiko der Geschäftsverbindung eingegangen sei.[183] Aber welcher Gläubiger hat schon volle Kenntnis von der finanziellen Lage einer GmbH? Dann wüsste er im Zweifel mehr als viele Gesellschafter einer GmbH!

Schließlich hat jüngst Banerjea den Grundsatz des eigenverantwortlichen Handelns im Rechtsverkehr völlig auf den Kopf gestellt und behauptet, anders als der der Finanzierungsverantwortung unterliegende Gesellschafter dürfe der Gläubiger auch in krassen Fällen materieller Unterkapitalisierung doch noch darauf hoffen, dass alles gut ausgehen, er somit nicht mit seiner Forderung ausfallen werde; die Kenntnis des Gläubigers vom Vorliegen einer materiellen Unterkapitalisierung schade also nicht.[184] Die Ergebnisorientiertheit der Aussage ist offensichtlich, eine nachvollziehbare Begründung für diesen mit ehernen Prinzipien des Schuldrechts kaum zu vereinbarenden Ansatz erfolgt nicht.

Letztlich wird man die Maßstäbe für die Kenntnis des Gläubigers nicht zu hoch ansetzen dürfen. Wenn der Gläubiger über den Zustand der Gesellschaft informiert war, sich zumutbaren Informationsquellen bewusst verschlossen hat oder er das sich aus der Unterkapitalisierung erwachsende Risiko vertraglich auf sich genommen hat, wird man diese Umstände bei der Bemessung eines etwaigen Ausgleichsanspruchs berücksichtigen können.

---

[181] *K. Schmidt* (Fußn. 6), § 9 IV 4 b (S. 250); dagegen *Banerjea,* ZIP 1999, 1153, 1159.

[182] *Lutter/Hommelhoff* (Fußn. 3), § 13 Rz. 7.

[183] *Hachenburg/Ulmer* (Fußn. 4), Anh. § 30 Rz. 54, siehe auch Rz. 65 m.w.N. in Fußn. 132.

[184] *Banerjea,* ZIP 1999, 1153, 1159; a.A. *Lutter/Hommelhoff* (Fußn. 3), § 13 Rz. 7.

Die Beweislast für eine solche Risikoübernahme liegt in derartigen Fällen sodann beim Gesellschafter.[185]

VI. Zusammenfassung

1. Die bestehenden gesetzlichen und außergesetzlichen Rechtsgrundlagen zur Begründung einer Einstandspflicht der Gesellschafter lassen selbst bei großzügiger Interpretation der Voraussetzungen der einzelnen Haftungstatbestände – etwa bei Aufweichung der strengen subjektiven Voraussetzungen einer Haftung aus § 826 BGB – Haftungslücken.

2. Vielfach wird das Bedürfnis nach einem besonderen Tatbestand der (qualifizierten) Unterkapitalisierung insbesondere für diejenigen Fälle angenommen, in denen die Gesellschafter ausnahmsweise nicht über die drohende oder bereits eingetretene Zahlungsunfähigkeit ihrer Gesellschaft Bescheid wussten oder aber einen nicht völlig unbegründeten Anlass zur Hoffnung auf einen Wiederaufschwung hatten. Insoweit wird verbreitet eine Finanzierungs(folge)verantwortung der GmbH-Gesellschafter angenommen.

3. Im Schrifttum hat sich ein geschlossenes und allgemein anerkanntes Konzept für die Behandlung von Ansprüchen wegen (qualifizierter) materieller Unterkapitalisierung bislang nicht herausgebildet. Insoweit ist ein allgemeiner Haftungstatbestand weder gesichert noch hinsichtlich Voraussetzungen und Rechtsfolgen eindeutig präzisiert. Die Judikatur hat sich noch nicht ausdrücklich zu einem der bislang entwickelten Ansätze bekannt, einzelne Entscheidungen spiegeln Argumentationslinien der Normzwecklehren wider, andere lehnen sich eher an die Missbrauchslehren an.

4. Anlässlich der Diskussionen um die GmbHG-Reform 1980 hielt der Gesetzgeber eine Haftung wegen materieller Unterkapitalisierung zwar für „erwägenswert“, sah aber aufgrund praktischer Schwierigkeiten von einer Normierung ab. Nachfolgend hat der Gesetzgeber im Gegensatz zu anderen Bereichen (§§ 10 KWG; 2 KAGG; 5 Abs. 4, 8, 15, 53c Abs. 1, 115 VAG) im GmbH-Recht bislang bewusst darauf verzichtet, für die Gesellschaften die Bereitstellung eines angemessenen Haftkapitals vorzuschreiben. Damit sprechen nach wie vor gewichtige rechtssystematische Bedenken gegen die Einführung einer sog. Finanzierungs(folge)verantwortung. Stattdessen bietet in Fällen einer materiellen Unterkapitalisierung in Anlehnung an die sich in der Judikatur abzeichnenden Tendenzen die Vorschrift § 826 BGB die vorzugswürdige Haftungsgrundlage.

---

[185] *Hachenburg/Ulmer* (Fußn. 4), Anh. § 30 Rz. 65; ihm folgend *Banerjea,* ZIP 1999, 1153, 1160.

5. Selbst wenn man auf bislang unsicherer dogmatischer Grundlage eine Pflicht der Gesellschafter einer GmbH zur Ausstattung der Gesellschaft mit einem angemessenen Eigenkapital annimmt, verbleiben zahlreiche rechtliche Probleme und Zweifelsfragen:

a) Die bislang entwickelten Ansätze zur Bestimmung einer (qualifizierten) materiellen Unterkapitalisierung können nicht überzeugen.

b) Eine Haftung auch bei einer nachträglichen Unterkapitalisierung beschneidet die Attraktivität der Rechtsform der GmbH und kann damit zu gesamtwirtschaftlich unerwünschten Folgen führen.

c) Die Kausalität der Unterkapitalisierung für die Insolvenzreife ist grundsätzlich vom klagenden Gesellschaftsgläubiger zu beweisen, auch wenn dieser Beweis in der Praxis sicherlich oft nicht leicht zu führen sein wird. Der Kläger muss zumindest Umstände darlegen und beweisen, die für eine solche Annahme sprechen; dabei können die Gerichte ihm jedoch Beweiserleichterungen gewähren. Eine generelle Beweislastumkehr ist hingegen unzulässig.

d) Umstritten ist, ob zur Haftungsbegründung auf den Nachweis subjektiver Voraussetzungen verzichtet werden kann und – insbesondere aufgrund andernfalls kaum zu überwindender Beweisschwierigkeiten – allein der Nachweis eines objektiven Missverhältnisses zwischen dem für ein vernünftiges Wirtschaften erforderlichen und dem tatsächlich vorhandenen Eigenkapital ausreichend ist. Wenn man dieser Ansicht folgte, käme es zu einem ungerechtfertigten Bruch mit den Prinzipien des verschuldensabhängigen Schadensersatzanspruchs und der Beweislastverteilung.

e) Unter den Anhängern der Durchgriffslehren ist gleichfalls umstritten, ob der Haftungsdurchgriff aufgrund materieller Unterkapitalisierung als Außen- oder Innenhaftung auszugestalten ist. Die besseren Gründe sprechen für eine Innenhaftung, da die Finanzierungsverantwortung (sofern man eine solche überhaupt annehmen kann) nur gegenüber der Gesellschaft und nicht gegenüber Dritten besteht. Zudem wird durch einen Binnenausgleich ein Wettlauf der Gläubiger vermieden. Für die Vorzugswürdigkeit dieses Ansatzes spricht auch die Rechtsprechung des BGH sowie des BAG und des BSG zur Haftung in der Vor-GmbH.

f) Hinsichtlich des Umfangs der Durchgriffshaftung ist umstritten, ob es sich bei der gesamtschuldnerischen Haftung der für die Unterkapitalisierung verantwortlichen Gesellschafter um eine – vorzugswürdige – bloße Differenzhaftung oder aber eine unbeschränkte Haftung handelt.

g) Wenn der Gläubiger über den finanziellen Zustand der Gesellschaft informiert war, sich zumutbaren Informationsquellen bewusst verschlossen hat oder er das sich aus der Unterkapitalisierung erwachsende Risiko vertraglich auf sich genommen hat, wird man diese Umstände bei der Bemessung eines etwaigen Ausgleichsanspruchs berücksichtigen können. Die Beweislast für eine solche Risikoübernahme liegt in derartigen Fällen sodann beim Gesellschafter.

Materielle Unterkapitalisierung – ein überflüssiges Institut?

Von Dr. Georg Wiesner (Rechtsanwalt, Düsseldorf)

I. Einleitung

Trotz einer Fülle von Rechtsprechung und einer kaum noch überschaubaren Anzahl von Literaturstimmen kann das Institut der materiellen Unterkapitalisierung bis heute weder in methodischer und dogmatischer Hinsicht noch in seinen Voraussetzungen und Rechtsfolgen als gesichert angesehen werden.[1] Der frühere Vorsitzende des für Gesellschafts- und Konzernrecht zuständigen II. Zivilsenats Boujong[2] hat erst kürzlich festgestellt, dass in der Praxis kein unabweisbares Bedürfnis nach einer Durchgriffshaftung wegen materieller Unterkapitalisierung besteht. Noch deutlicher geht das Bundesarbeitsgericht in einem neueren Urteil vom 3. September 1998[3] davon aus, ein Institut der materiellen Unterkapitalisierung sei „weder rechtssystematisch geboten noch von der Sache her notwendig." Auch in der Literatur[4] mehren sich in neuerer Zeit die Stimmen, die dem Institut der materiellen Unterkapitalisierung ablehnend gegenüberstehen. Es besteht also Veranlassung, die Berechtigung des Instituts der materiellen Unterkapitalisierung zu hinterfragen. Der angemessene Ort für solche kritischen Überlegungen ist eine Thomas Raiser gewidmete Untersuchung, und zwar aus zwei Gründen: Thomas Raiser hat sich in seiner Besprechung des EDV-Peripherie-Urteils des Bundesgerichtshofs[5] mit der (noch) herrschenden Meinung in der Literatur[6] nachdrücklich für eine persönliche Haftung der Gesellschafter bei Vorliegen einer materiellen Unterkapitalisierung ausgesprochen.[7] Darüber

---

[1] Zutreffende Bewertung von *Michalski/de Vries,* NZG 1999, 181, 182.

[2] *Boujong,* FS Odersky, 1997, 739, 746; anders demgegenüber sein Vor-Vorgänger als Vorsitzender des II. Zivilsenats *Stimpel,* FS Goerdeler, 1987, 601, 607 ff.

[3] BAG ZIP 1999, 24, 26; BAG ZIP 1999, 878, 879 f.

[4] Vgl. nur *Altmeppen,* ZIP 1999, 881 ff; *ders.,* FS Sigle, 2000, S. 211, 225; *Ehricke,* AcP 199 (1999), 257, 289; *Grüner,* NZG 2000, 601, 603; *Schiessl,* in: Münchener Handbuch des Gesellschaftsrechts, Bd. III, GmbH, 1996, § 35 Rz. 17; *K. Schmidt,* Gesellschaftsrecht, 4. Aufl., 1999, S. 249.

[5] BGH NJW 1994, 446 mit ablehnender Anmerkung *K. Schmidt.*

[6] Vgl. nur *Ulmer,* in: *Hachenburg,* Kommentar zum GmbH-Gesetz, Band I, 8. Aufl., 1992, Anh. § 30 Rz. 50 ff.; *Roth,* ZGR 1993, 170, 204 ff.

hinaus schließt er aus einer Passage im EDV-Peripherie-Urteil, der BGH sei wohl zu der Einsicht gekommen, dass auf die Durchgriffshaftung wegen materieller Unterkapitalisierung nicht mehr verzichtet werden könne.

II. Stand der Diskussion

1. Rechtsprechung

a) Ordentliche Gerichte

Die ordentlichen Gerichte stehen einer persönlichen Haftung eines Gesellschafters einer GmbH[8] für Verbindlichkeiten der Gesellschaft ausschließlich aus dem Gesichtspunkt der materiellen Unterkapitalisierung ablehnend gegenüber. Zwar hat der Bundesgerichtshof in dem berühmten *Siedler-Fall*[9] die Mitglieder eines rechtsfähigen Vereins, der von Anfang an vermögenslos war, für Verbindlichkeiten des Vereins mit ihrem Privatvermögen haften lassen. Dieser Fall ist jedoch in jeder Weise atypisch und daher nicht verallgemeinerungsfähig.[10] Für die GmbH hat der Bundesgerichtshof dagegen eine Haftung der Gesellschafter wegen materieller Unterkapitalisierung noch in keinem Fall angenommen. Nachdem er sie zunächst im Typenhaus-Fall[11] abgelehnt hatte, hatte es in einer späteren Entscheidung[12] aufgrund eines obiter dictum eher den Anschein, er sei bereit, eine solche Haftung anzuerkennen. Der BGH griff dann jedoch in späteren Entscheidungen, in denen die Bejahung einer Haftung wegen materieller Unterkapitalisierung möglich gewesen wäre, auf eine Haftung wegen vorsätzlicher sittenwidriger Schädigung nach § 826 BGB zurück.[13] Demgegenüber hat das Oberlandesgericht Hamburg[14] in abstracto die Möglichkeit einer

---

[7] *Th. Raiser,* ZGR 1995, 156,165 ff.

[8] Die Diskussion wird im wesentlichen zur GmbH geführt; auf die Rechtsform der Aktiengesellschaft wird in diesem Beitrag nicht näher eingegangen. Vgl. hierzu *Brändel,* in: Großkommentar zum AktG, 4. Aufl., 1998, § 1 Rz. 109 f.; *Heider,* in: Münchener Kommentar zum AktG, 1999, § 1 Rz. 70 ff.; *Wiesner,* in: Münchener Handbuch des Gesellschaftsrechts, Band IV, Aktiengesellschaft, 2. Aufl., 1999, § 11 Rz. 5.

[9] BGHZ 54, 222, 224 f.

[10] Allgemeine Auffassung, vgl. nur *Hachenburg/Ulmer* (Fußn. 6), Anh. § 30 Rz. 43; *Emmerich,* in: *Scholz,* Kommentar zum GmbH-Gesetz, Band I, 9. Aufl., 2000, § 13 Rz. 93.

[11] BGHZ 68, 312.

[12] BGH NJW 1977, 1683, 1686.

[13] BGH NJW 1979, 2104; BGH DB 1988, 1848; ebenso wohl OLG Dresden NZG 2000, 598, 601; auch das OLG Celle GmbHR 1997, 127, 128 läßt offen, ob eine Haftung aus Unterkapitalisierung überhaupt in Betracht kommt.

[14] OLG Hamburg BB 1973, 1231.

Durchgriffshaftung der Gesellschafter für Gesellschaftsschulden aus dem Gesichtspunkt der materiellen Unterkapitalisierung bejaht, im konkreten Fall die Voraussetzungen aber nicht als gegeben angesehen.

In der bereits erwähnten EDV-Peripherie-Entscheidung[15] hat es – worauf Thomas Raiser[16] zu Recht hingewiesen hat – aufgrund der gewählten Formulierung erneut den Anschein, als erkenne der Bundesgerichtshof im Grundsatz eine Gesellschafterhaftung aufgrund materieller Unterkapitalisierung an. Dieser Eindruck wird dadurch verstärkt, dass der Bundesgerichtshof sich insoweit ausdrücklich auf die vorstehend zitierte Entscheidung des Oberlandesgerichts Hamburg beruft. Der damalige Vorsitzende des Gesellschaftsrechtssenats des Bundesgerichtshofs Boujong hat demgegenüber in einer quasi authentischen Interpretation diesen Eindruck ausdrücklich zurückgewiesen und betont, eine Neuorientierung des Bundesgerichtshofs unter Hinwendung zur Haftung aus Unterkapitalisierung könne der Entscheidung nicht entnommen werden.[17] Er betont vielmehr, dass es keine Anzeichen dafür gebe, dass der Bundesgerichtshof seine restriktive Haltung in dieser Frage aufgeben werde.

b) Bundesarbeitsgericht

Das Bundesarbeitsgericht lehnt in seinen Urteilen vom 3. September 1998 und vom 10. Februar 1999[18] unter ausdrücklicher Berufung auf das Typenhaus-Urteil des Bundesgerichtshofs vom 4. Mai 1977[19] eine Haftung des Gesellschafters einer GmbH ausschließlich wegen materieller Unterkapitalisierung mit der Begründung ab, die Problematik der Unterkapitalisierung habe bereits in der Norm des § 64 Abs. 1 GmbHG, wonach die Geschäftsführer bei Zahlungsunfähigkeit oder Überschuldung zur Stellung eines Insolvenzantrags verpflichtet sind, eine gesetzliche Regelung gefunden. Der Verstoß gegen § 64 GmbHG führe über § 823 Abs. 2 BGB zu einer Schadensersatzverpflichtung. Weitere Regelungen seien nicht erforderlich, wenn es um das Problem der materiellen Unterkapitalisierung gehe. Lediglich bei hinzutreten zusätzlicher Umstände könne eine Haftung in Betracht kommen, die sich dann aber auf eben diese Umstände, aber nicht ausschließlich auf den Sachverhalt der materiellen Unterkapitalisierung stützen würden.

---

15 BGH ZIP 1994, 207.

16 *Th. Raiser,* ZGR 1995, 156, 162; ähnlich *Scholz/Emmerich* (Fußn. 10), § 13 Rz. 94.

17 *Boujong* (Fußn. 2), S. 739, 745 Fußn. 60.

18 BAG ZIP 1999, 24, 26; BAG ZIP 1999, 878, 879 f.

19 BGHZ 68, 312.

c) Bundessozialgericht

Demgegenüber erkennt des Bundessozialgericht eine persönliche Haftung der Gesellschafter für Verbindlichkeiten der Gesellschaft wegen materieller Unterkapitalisierung grundsätzlich an. In seiner Leitentscheidung aus dem Jahre 1984[20] führt es aus, dass „der GmbH-Gesellschafter nach dem in Literatur und Rechtsprechung anerkannten Rechtsinstitut der sogenannten Durchgriffshaftung in besonderen Ausnahmefällen ... auch für Verbindlichkeiten der Gesellschaft persönlich einstehen muß, d.h. dafür mit seinem Privatvermögen haftet." Diese Begründung entbehrt jeder Grundlage, da Bundesgerichtshof und Bundesarbeitsgericht – wie vorstehend gezeigt – eine Durchgriffshaftung wegen Unterkapitalisierung ausdrücklich ablehnen und auch große Teile der Literatur – wie nachstehend dargelegt wird – eine persönliche Haftung der Gesellschafter für Gesellschaftsschulden aus dem Gesichtspunkt einer qualifizierten Unterkapitalisierung ablehnen oder ihr jedenfalls kritisch gegenüberstehen.

2. Literatur

Von einem Teil der Literatur wird – mit Unterschieden im Einzelnen – eine Durchgriffshaftung wegen materieller Unterkapitalisierung bejaht. Die Begründungen sind unterschiedlich. Während früher für eine Rechtfertigung der Durchgriffshaftung auf den Gedanken des Missbrauchs der Rechtsform der GmbH abgestellt wurde, wird heute vorherrschend die sog. Normzwecklehre vertreten.[21] Diese Lehre stellt auf den Normzweck der Vorschriften über die Kapitalaufbringung und Kapitalerhaltung ab und erkennt im Sinnzusammenhang zwischen Stammkapital und Haftungsbeschränkung eine institutionelle Schranke für die Privatautonomie der Gesellschafter bei der Bestimmung des Stammkapitals. Sofern die Gesellschafter die GmbH mit einem Stammkapital ausstatten, das wegen seiner Geringfügigkeit den Gläubigern in der Insolvenz keine hinreichende Sicherheit bietet, führe dies zu einem Missbrauch des in § 13 Abs. 2 GmbH vorgesehenen Ausschlusses der Gesellschafterhaftung und verliere daher die Haftungsbeschränkung des § 13 Abs. 2 GmbHG ihre Berechtigung.

Wichtigste haftungsbegründende Voraussetzung ist nach dieser Lehre eine besonders krasse, sogenannte qualifizierte Unterkapitalisierung. Hierunter wird eine „eindeutige und für Insider klar erkennbar unzureichende

---

[20] BSG ZIP 1984, 1217; ebenso BSG ZIP 1994, 1944; BSG ZIP 1996, 1134, 1135.

[21] *Hachenburg/Ulmer* (Fußn. 6), Anh. § 30 Rz. 50 ff.; *Th. Raiser,* ZGR 1995, 156, 162 ff.; *Stimpel* (Fußn. 2), S. 601, 608; *Wiedemann,* Gesellschaftsrecht, Bd. I, 1980, S. 570 ff.

Eigenkapitalausstattung der Gesellschaft verstanden, die einen Misserfolg zu Lasten der Gesellschaftsgläubiger bei normalem Geschäftsverlauf mit hoher, das gewöhnliche Geschäftsrisiko deutlich übersteigender Wahrscheinlichkeit erwarten lässt."[22] Weitere Voraussetzungen sind Eintritt der Insolvenz, Kausalität zwischen qualifizierter Unterkapitalisierung und Insolvenz sowie Zurechenbarkeit der Unterkapitalisierung zu dem in Anspruch genommenen Gesellschafter. Vorherrschend wird im übrigen die anfängliche der nachträglichen Unterkapitalisierung gleichgestellt.[23]

Rechtsfolge der qualifizierten Unterkapitalisierung ist nach dieser in der Literatur wohl überwiegenden Ansicht die unbeschränkte persönliche Haftung der verantwortlichen Gesellschafter für den von den GmbH-Gläubigern erlittenen Ausfall.[24]

III. Kritik an der herrschenden Lehre

1. Methodische Probleme

Bei der Anerkennung einer Durchgriffshaftung der Gesellschafter für Verbindlichkeiten der GmbH wegen materieller Unterkapitalisierung handelt es sich um eine Rechtsfortbildung praeter legem. Eine solche Rechtsfortbildung ist nach den Grundsätzen der Methodenlehre nur zulässig, wenn das Gesetz im Hinblick auf die Regelung hinsichtlich der Haftung der Gesellschafter für materielle Unterkapitalisierung planwidrig unvollständig ist. Es stellt sich somit die Frage, ob eine Regelungsabsicht des Gesetzgebers besteht, das Problem der zu geringen Kapitalausstattung regeln zu wollen und – falls dies zu bejahen ist – ob die dem Gesetz zugrundeliegende Regelungsabsicht ungewollt unvollständig ist.[25]

Das Problem der geringen Kapitalausstattung war wesentlicher Teil der Diskussionen um die GmbH-Reform 1980. Der Gesetzgeber hat versucht, das Problem mit der Erhöhung des Mindeststammkapitals von DM 20.000,00 auf DM 50.000,00 (heute: € 25.000,00) sowie durch die Regelungen über eigenkapitalersetzende Darlehen in §§ 32a, 32b GmbHG, 32a KO (heute: § 135 InsO), 3f AnfG hinreichend zu lösen. Seinerzeit vorliegende Gesetzesvorschläge z.B. einer Verschuldenshaftung wegen offen-

---

[22] *Hachenburg/Ulmer* (Fußn. 6), Anh. § 30 Rz. 55; ähnlich *Stimpel* (Fußn. 2), S. 601, 608.

[23] *Hachenburg/Ulmer* (Fußn. 6), Anh. § 30 Rz. 56; *Stimpel* (Fußn. 2), S. 601, 609.

[24] *Hachenburg/Ulmer* (Fußn. 6), Anh. § 30 Rz. 60; *Th. Raiser,* ZGR 1995, 156, 168 f.; *Wiedemann* (Fußn. 21); a. A. für Innenhaftung analog §§ 302, 303 AktG u. a. *Stimpel* (Fußn. 2), S. 601, 613 f.

[25] Zutreffend *Ehricke,* AcP 199 (1999), 257, 283 f.

sichtlicher Unterkapitalisierung wurden ausdrücklich nicht in das GmbH-Gesetz aufgenommen. Damit bestätigte der Gesetzgeber seinen bereits in der Begründung zum Regierungsentwurf eines GmbH-Gesetzes von 1971 eingenommenen Standpunkt, dass die Aufnahme einer Regelung für den Sachverhalt der Unterkapitalisierung zwar erwägenswert wäre, aber im Hinblick auf die Unschärfe des Tatbestandsmerkmals Unterkapitalisierung wegen Unvereinbarkeit mit dem Gebot der Rechtssicherheit nicht vereinbar sei.[26]

Da der Wille des Gesetzgebers eindeutig gegen die Aufnahme einer Regelung einer Unterkapitalisierung gerichtet ist, liegt hinsichtlich der persönlichen Haftung des Gesellschafters einer GmbH für den Sachverhalt der Unterkapitalisierung eine planwidrige Gesetzeslücke nicht vor.[27] Eine Rechtsfortbildung durch Schaffung einer eigenständigen Anspruchsgrundlage der Haftung von Gesellschaftern für materielle Unterkapitalisierung ist daher aus methodischen Gründen nicht zulässig.[28]

Im Übrigen zeigt auch ein Vergleich mit den Bestimmungen der §§ 10 KWG, 2 KAGG, 5 Abs. 4, 8, 15, 53c Abs. 1 und 115 VAG, die bei Kreditinstituten, Kapitalanlagegesellschaften und Versicherungsgesellschaften im Interesse der mit ihnen in rechtsgeschäftlichen Kontakt tretenden Dritten (Kunden) eine angemessene Ausstattung mit Eigenmitteln fordern, dass der Gesetzgeber davon ausgeht, dass außerhalb dieser Branchen keine generelle Pflicht der Gesellschafter besteht, eine Kapitalgesellschaft über das Mindeststammkapital hinaus mit bestimmten Eigenmitteln auszustatten. Gegen den Hinweis auf diese Gesetzesbestimmungen wird zwar eingewandt, es werde verkannt, dass die Normzwecklehre nicht auf die Verletzung einer Verpflichtung zur Ausstattung mit angemessenem Stammkapital abstelle, sondern auf die Missachtung des institutionellen Zusammenhangs zwischen Aufbringung eines Haftungsfonds zugunsten der Gläubiger und Ausschluss der persönlichen Gesellschafterhaftung.[29] Diese Argumentation vermag nicht zu überzeugen, da es doch Sinn und Zweck der Normzwecklehre ist, die Gesellschafter zur Vermeidung einer persönlichen Haftung zu veranlassen, die Gesellschaft mit hinreichenden Eigenmitteln auszustatten.

Im Übrigen geht die Normzwecklehre zu Unrecht davon aus, dass die zweckwidrige Verwendung einer Norm stets dazu führt, die Berufung auf

---

26 BT-Drucksache 7/253, S. 87, 110; ausführliche Darstellung bei *Hachenburg/Ulmer* (Fußn. 6), Anh. § 30 Rz. 3.

27 *Ehricke,* AcP 199 (1999), 257, 284 f.; ähnlich schon *Baumbach/Hueck,* Kommentar zum GmbHG, 16. Aufl., 1996, § 5 Rz. 6; *Weitbrecht,* Haftung der Gesellschafter bei materieller Unterkapitalisierung der GmbH, 1990, S. 78 f.

28 *Ehricke,* AcP 199 (1999), 257, 285; *Vonnemann,* GmbHR 1992, 77, 78; vgl. auch *Lutter/Hommelhoff,* ZGR 1979, 31, 58.

29 *Hachenburg/Ulmer* (Fußn. 6), Anh. § 30 Rz. 53.

die Rechtsfolgen der Norm zu versagen.[30] Wohl bekanntestes Beispiel ist die Sicherungsübereignung. Zweck der §§ 929 ff. BGB ist die Herstellung einer als endgültig gedachten neuen dinglichen und wirtschaftlichen Zuordnung einer beweglichen Sache.[31] Demgegenüber wird die Sicherungsübereignung im Wirtschaftsleben als pfandrechtsähnliche Sicherheit verwendet. Trotz dieser zweckwidrigen Verwendung der §§ 929 ff. BGB wird die Zulässigkeit der Sicherungsübereignung nicht in Frage gestellt. Diskutiert wird lediglich, ob dem Vollrechtsinhaber einzelne Rechtsfolgen der Übereignung wie Drittwiderspruchs- und Aussonderungsrechte zu versagen sind.[32]

Angesichts des gegen die Regelung einer Unterkapitalisierung gerichteten gesetzgeberischen Willens und der ausdrücklichen Anordnung einer angemessenen Ausstattung mit Eigenmitteln lediglich in bestimmten Branchen ist die Normzwecklehre beweispflichtig dafür, dass der Ausschluss der Gesellschafterhaftung in § 13 Abs. 2 GmbHG durch die Wahl eines angemessenen Eigenkapitals verdient werden müsse. Der Gesetzgeber verlangt lediglich ein statutarisch festgelegtes Mindeststammkapital und nicht eine dem jeweiligen Geschäftsumfang wechselnd angepasste Kapitalausstattung. Er wollte das Problem einer zu geringen Ausstattung mit Eigenmitteln ausdrücklich nicht regeln.

Selbst bei Fehlen einer planwidrigen Unvollständigkeit des Gesetzes ließe sich die Notwendigkeit einer Rechtsfortbildung mit dem Ziel einer persönlichen Gesellschafterhaftung wegen materieller Unterkapitalisierung methodisch dann rechtfertigen, wenn andernfalls ein „Rechtsnotstand" drohen würde, also ein nachweisbares Bedürfnis des Rechtsverkehrs an einer solchen Regelung besteht.[33] Ein solches dringendes Bedürfnis besteht, wie insbesondere die Rechtsprechung des Bundesgerichtshofs und des Bundesarbeitsgerichts belegt, nicht. Immerhin findet im Regelfall die Bestimmung des § 64 Abs. 1 GmbH i. V. m. § 823 Abs. 2 BGB Anwendung und schafft in krassen Ausnahmefällen die Regelung des § 826 BGB Abhilfe.[34]

2. Dogmatische Probleme

Die dogmatischen Begründungen für die Ausfallhaftung der Gesellschafter bei qualifizierter Unterkapitalisierung sind in der Literatur umfassend diskutiert worden. Auf die Darstellung dieser Diskussion kann im Einzel-

---

[30] *U. Huber,* JurA 1970, 784 ff.; *Chr. Möller,* Die wirtschaftliche Betrachtungsweise im Privatrecht, 1997, S. 118 f.

[31] *Chr. Möller* (Fußn. 30), S. 118.

[32] Vgl. nur *Palandt/Bassenge,* BGB, 59. Aufl., 2000, § 930 Rz. 22 und 24.

[33] *Larenz,* Methodenlehre der Rechtswissenschaft, 6. Aufl., 1991, S. 397 f.

[34] Vgl. BAG ZIP 1999, 24, 28; BAG ZIP 1999, 878, 880; BGHZ 68, 312, 315; *Boujong* (Fußn. 2), S. 739, 746.

nen verwiesen werden.[35] Nach der herrschenden Normzwecklehre[36] findet die Gesellschafterhaftung wegen Unterkapitalisierung ihre tragende Begründung in dem im GmbH-Gesetz zum Ausdruck kommenden Zusammenhang zwischen Kapitalsicherung und Ausschluss der Gesellschafterhaftung. Der Sinnzusammenhang zwischen *Stammkapital* und Haftungsbeschränkung (§ 13 Abs. 2 GmbHG) bilde eine institutionelle Schranke, die die Freiheit der Gesellschafter bei der Bestimmung der Höhe des Stammkapitals einschränkt. Die Gesellschafterhaftung wegen materieller Unterkapitalisierung knüpft jedoch nicht an eine zu niedrige Höhe des Stammkapitals an, sondern an insgesamt zu geringe *Eigenmittel,* sei es in Form von Eigenkapital im Sinne von § 272 Abs. 1 Satz 1 HGB oder wegen §§ 32 a, 32 b GmbHG in Form von Gesellschafterdarlehen oder in Form von Rechtshandlungen, die der Darlehensgewährung wirtschaftlich entsprechen. Von ihrer dogmatischen Begründung her müsste die Normzwecklehre also an den Sinnzusammenhang zwischen Eigenmitteln und Haftungsbeschränkung anknüpfen. Auch der Gesetzgeber knüpft in den besonders kodifizierten Fällen einer angemessenen Kapitalausstattung nicht an das Stamm- oder Grundkapital an, sondern an eine angemessene Ausstattung mit Eigenmitteln. Wenn die Normzwecklehre demgegenüber vom Sinnzusammenhang zwischen Stammkapital und Haftungsbeschränkung ausgeht, so erscheint dies vom Ansatz her nicht konsequent.

3. Wertentscheidung der Normzwecklehre

Die Normzwecklehre sucht ihre materielle Rechtfertigung darin, dass sie Schutzlücken zu Lasten der Gesellschaftsgläubiger bei der Anwendung der allgemeinen Anspruchsgrundlagen (z.B. § 826 BGB, § 823 Abs. 2 BGB i.V.m. § 64 GmbHG, culpa in contrahendo) unterstellt. So geht Ulmer[37] davon aus, es gehe nicht an, dass bis zur Grenze des § 826 BGB jede Art der Gläubigergefährdung erlaubt sei. Eine solche Annahme wäre nicht nur unvereinbar mit der allgemeinen Missbrauchslehre im Rahmen von § 242 BGB, sondern würde auch den Übergang von einer stärker formalen zu einer wertenden Betrachtung in der neuen Rechtsprechung zum Gesellschaftsrecht nicht hinreichend Rechnung tragen.

Mit anderen Worten drückt Banerja[38] die Rechtfertigung einer Durchgriffshaftung wegen materieller Unterkapitalisierung aus. Nur wenn es Fälle gebe, in denen die herkömmlichen Haftungstatbestände den Gläubiger einer

---

[35] *Hachenburg/Ulmer* (Fußn. 6), Anh. § 30 Rz. 53 f.

[36] Vgl. *Hachenburg/Ulmer* (Fußn. 6), Anh. § 30 Rz. 52; *Th. Raiser,* ZGR 1995, 156, 165 ff.

[37] *Ulmer* (Fußn. 6), Anh. § 30 Rz. 11.

[38] *Banerja,* ZIP 1999, 1153, 1156.

unterkapitalisierten Gesellschaft im Stich lassen, kann einer auf dem besonderen Tatbestand der Unterkapitalisierung beruhende Haftung erforderlich werden.

Beide Autoren gehen somit aufgrund einer Wertentscheidung von der Prämisse aus, dass die Rechtsordnung den Gläubigern einer unterkapitalisierten Gesellschaft Ansprüche zur Verfügung zu stellen hat, damit sie in Fällen einer qualifizierten Unterkapitalisierung keine Vermögensschäden erleiden. Die dieser Auffassung zugrundeliegende Wertentscheidung wird besonders deutlich bei Wüst[39], wenn er die Behauptung aufstellt, es sei „anstößig, wenn die Gläubiger nicht befriedigt werden und die Gesellschaftervillen unangetastet bleiben, zumal das Spiel oft mit der nächsten GmbH-Gründung oder einer ganzen GmbH-Stafette fortgesetzt wird".

Natürlich fällt es dem Rechtsgefühl nicht schwer, sich mit dieser grundsätzlichen Wertentscheidung anzufreunden. Die vorstehende Wertung lässt jedoch außer Betracht, dass die Rechtsordnung den Gesellschaftern einer GmbH in § 13 Abs. 2 GmbHG die Möglichkeit einer Begrenzung ihrer Haftung auf das Gesellschaftsvermögen zur Verfügung gestellt hat. Eine pauschale Finanzierungsverantwortung der Gesellschafter kennt das GmbH-Recht nicht. Soweit in der Rechtsprechung des BGH von einer Finanzierungsverantwortung der Gesellschafter gesprochen wird, betrifft dies Fälle der formellen Unterkapitalisierung, also Fälle, in denen die Gesellschafter der Gesellschaft Fremd- statt Eigenkapital zugeführt haben.[40] Diese Finanzierungsverantwortung führt jedoch lediglich dazu, dass das Fremdkapital wie Eigenkapital behandelt wird und somit von den Gesellschaftern in der Krise nicht mehr abgezogen werden kann. Eine Finanzierungsverantwortung in dem Sinne, dass die Gesellschafter verpflichtet sind, der Gesellschaft neue Eigenmittel zuzuführen, wird vom BGH ausdrücklich abgelehnt.[41] Vor diesem Hintergrund erscheint eine Durchgriffshaftung wegen materieller Unterkapitalisierung insbesondere in der Variante der nachträglichen Unterkapitalisierung fragwürdig.

Ein Blick in das Recht der Personengesellschaften bestätigt die Fragwürdigkeit einer Suche nach angeblichen Schutzlücken zu Lasten der Gesellschaftsgläubiger bei materieller Unterkapitalisierung außerhalb bestehender Anspruchsgrundlagen. Hinzuweisen ist lediglich auf den klassischen Rektor-Fall[42], in dem die Haftungsbegrenzung der §§ 171, 172 HGB nicht durchbrochen worden ist, obwohl der Kommanditist wirtschaftlich gesehen

[39] *Wüst,* JZ 1995, 990, 993.

[40] Vgl. nur BHZ 105, 168 Leitsatz a) und S. 176.

[41] BGH ZIP 1999, 1263, 1264; BGHZ 127, 17, 23; ebenso schon BGHZ 90, 381, 389.

[42] BGHZ 45, 204 ff.

der alleinige Inhaber des Handelsgeschäfts und der persönlich haftende Gesellschafter mittellos war. Nach heute nach wie vor ganz herrschender Meinung[43] in der Literatur kommt eine persönliche Inanspruchnahme des Kommanditisten nur bei Hinzutreten besonderer Umstände in Betracht, also bei Erfüllung einer der allgemeinen Anspruchsgrundlagen, insbesondere bei Erfüllung der Voraussetzungen des § 826 BGB. Wenn diese Grundwertung im Recht der Personengesellschaften allgemein akzeptiert wird, müsste eine entsprechende Wertung auch für § 13 Abs. 2 GmbHG gelten.

4. Rechtspolitische Schutzlücken ohne materielle Unterkapitalisierung?

Die vorstehenden Ausführungen haben gezeigt, dass es nicht zielführend ist, die Frage zu stellen, ob ohne das Institut der materiellen Unterkapitalisierung Schutzlücken zu Lasten der Gesellschaftsgläubiger bleiben. Die Feststellung angeblicher Schutzlücken beruht auf einer wertenden Betrachtung, die von der Rechtsordnung nicht geteilt wird. Trotzdem sollen nachstehend kurz die Anwendungsbereiche der allgemeinen Anspruchsgrundlagen dargestellt werden. Es wird sich zeigen, dass die von den Vertretern der Normzwecklehre festgestellten angeblichen Schutzlücken praktisch nicht bestehen.

a) Gläubigerbenachteiligung (§ 826 BGB)

Ein „Durchgriff" auf die Gesellschafter ist nach § 826 BGB als Fallgruppe der Gläubigerbenachteiligung dann allgemein anerkannt, wenn der Gesellschafter die GmbH mit eindeutig unzureichendem Eigenkapital ausstattet und dadurch eine einseitige Risikoverlagerung zu Lasten der Gesellschaftsgläubiger bewirkt wird.[44] Die Befürworter einer Gesellschafterhaftung wegen materieller Unterkapitalisierung befürchten jedoch Schwierigkeiten bei dem Nachweis des für § 826 BGB erforderlichen Schädigungsvorsatzes.[45] Demgegenüber hat bereits Flume[46] darauf hingewiesen, dass ein Unterschied zwischen der auf ausschließlich objektive Kriterien abstellenden Normzwecklehre und den auf ein Verschulden als Haftungsvoraus-

---

[43] Vgl. nur *Baumbach/Hopt,* HGB, 30. Aufl., 2000, § 171 Rz. 4; *Flume,* Allgemeiner Teil des Bürgerlichen Rechts, Die Personengesellschaft, 1977, S. 202 f.; *Schlegelberger/K. Schmidt,* HGB, 5. Aufl., 1986, § 172a Rz. 57; *K.* Schmidt (Fußn. 4), S. 1550 f.; a. A. *Schlegelberger/Martens,* HGB, 5. Aufl., 1986, § 186 Rn. 44; *Wiedemann,* Gesellschaftsrecht, Bd. I, 1980, S. 544 ff.

[44] Vgl. nur *Hachenburg/Ulmer* (Fußn. 6), Anh. § 30 Rz. 32 und 41 f.

[45] Vgl. nur *Banerja* ZIP 1999, 1153, 1156 f.; *Hachenburg/Ulmer* (Fußn. 6), Anh. § 30 Rz. 32; *Wüst,* JZ 1995, 990, 994.

[46] *Flume,* Allgemeiner Teil des Bürgerlichen Rechts, Band I/2, Die juristische Person, 1983, S. 83.

setzung für einen Anspruch nach § 826 BGB abstellenden Auffassungen gar nicht vorhanden ist, wenn die materielle Unterkapitalisierung eine „eindeutig und für Insider klar erkennbar unzureichende Eigenkapitalausstattung der Gesellschaft, die einen Misserfolg zu Lasten der Gläubiger bei normalem Geschäftsverlauf mit hoher, das gewöhnliche Geschäftsrisiko deutlich übersteigender Wahrscheinlichkeit erwarten lässt“[47] voraussetzt. Im Rahmen des § 826 BGB reicht für den Schädigungsvorsatz bedingter Vorsatz aus. Dieser dürfte in den Fällen der materiellen Unterkapitalisierung in aller Regel gegeben sein.[48] Dies gilt insbesondere, wenn mit dem Bundesgerichtshof und dem Bundesarbeitsgericht aus dem objektiven qualifizierten Missverhältnis zwischen Kapitalausstattung und Geschäftsvolumen sowie aus der Vorgehensweise der Gesellschaft auf den bedingten Schädigungsvorsatz geschlossen wird.[49]

Der im Zusammenhang mit der Anwendung des § 826 BGB immer wieder beklagte Nachteil, der Schädigungsvorsatz lasse sich in der Praxis selten beweisen, ist danach nicht zutreffend. Im übrigen würde dieses Bedenken in gleicher Weise für die Voraussetzungen einer lediglich auf objektive Kriterien abstellenden Gesellschafterhaftung wegen materieller Unterkapitalisierung gelten. Denn Voraussetzung für die Haftung wegen qualifizierter Unterkapitalisierung soll danach eine so eindeutig unzureichende Eigenkapitalausstattung sein, dass ein Misserfolg mit hoher Wahrscheinlichkeit zu erwarten ist.[50]

b) Konzernrechtliche Haftung

Nach den Grundsätzen des qualifiziert faktischen Konzerns hat der Gesellschafter einer GmbH unter bestimmten Voraussetzungen für die Verbindlichkeiten der GmbH entsprechend §§ 302, 303 AktG einzustehen. Die Grundsätze des qualifiziert faktischen Konzerns können somit zu einer Haftung des oder der Gesellschafter im Fall der Unterkapitalisierung füh-

---

[47] *Hachenburg/Ulmer* (Fußn. 6), Anh. § 30 Rz. 55; *Stimpel* (Fußn. 2), S. 601, 608.

[48] *Flume* (Fußn. 46), S. 83; *Altmeppen,* ZIP 1999, 881 f.; *Baumbach/Hueck* (Fußn. 27), § 5 Rz. 6; *Boujong* (Fußn. 2), S. 739, 746; *Ehricke,* AcP 199 (1999), 257, 287 f.; *von Gerkan/Hommelhoff,* Kapitalersatz im Gesellschafts- und Insolvenzrecht, 5. Aufl., 1997, Rz. 1.14; ebenso *Banerja,* ZIP 1999, 1153, 1157 jedenfalls für die Fälle anfänglicher Unterkapitalisierung.

[49] BGH NJW 1979, 2104, 2105; BGH ZIP 1992, 694, 695; BAG ZIP 1999, 878, 890; BAG ZIP 1999, 24, 28.

[50] Wegen dieser Unschärfe des Tatbestands wird die Normzwecklehre verbreitet abgelehnt, vgl. *Schiessl* (Fußn. 4); *K. Schmidt,* ZIP 1994, 837, 838; *Vonnemann,* Haftung der GmbH-Gesellschafter bei materieller Unterkapitalisierung, 1991, S. 163 ff.

ren.[51] Allerdings handelt es sich hierbei nicht um eine unmittelbare Durchgriffshaftung im eigentlichen Wortsinn. Die Haftungsfolge der §§ 302, 303 AktG analog besteht nämlich nicht in einer Haftung der Gesellschafter gegenüber den Gesellschaftsgläubigern, sondern in Verlustausgleichspflicht gegenüber der Gesellschaft. Die Gesellschaftsgläubiger haben nur Anspruch auf Sicherheitsleistung. Erst wenn feststeht, dass der Gläubiger gegenüber der Gesellschaft ausfällt, hat er gegen das herrschende Unternehmen in Höhe des Ausfalls einen unmittelbaren Anspruch.

Voraussetzung für eine solche Konzernhaftung ist das Vorliegen eines qualifiziert faktischen Konzerns; erforderlich hierfür sind ein Konzernverhältnis zwischen Gesellschafter und GmbH, das Fehlen angemessener Rücksicht auf die Belangte der abhängigen GmbH und die Unmöglichkeit der Kompensation durch Einzelausgleich.[52] In der EDV-Peripherie-Entscheidung[53] hat der Bundesgerichtshof noch einmal betont, dass herrschendes Unternehmen auch eine natürliche Person sein kann, wenn diese sich anderweitig unternehmerisch betätigt, z. B. weil sie mehrere Gesellschaften maßgeblich führt.

Keine Anwendung findet die Konzernhaftung nach den Grundsätzen des qualifiziert faktischen Konzerns, wenn ein Gesellschafter seine gesamten unternehmerischen Interessen in einer einzigen Gesellschaft bündelt. Dann ist der Gesellschafter nach den Vorschriften des Konzernrechts nicht Unternehmen. Karsten Schmidt[54] hat aus diesem Grunde vorgeschlagen, den der Konzernhaftung zugrundeliegenden Gedanken zu einer allgemeinen Verhaltenshaftung des schädigenden Gesellschafters fortzuentwickeln. Da sich dieser Ansatz bis heute nicht hat durchsetzen können[55], bleibt es bei einer Anwendung der Grundsätze des faktisch qualifizierten Konzerns in Fällen der Unterkapitalisierung lediglich auf Gesellschafter, die als Unternehmen zu qualifizieren sind.

---

[51] BAG ZIP 1999, 24, 27; *Banerja,* ZIP 1999, 1153, 1160 ff.; *Decher,* in: Münchener Handbuch des Gesellschaftsrechts, Bd. III, GmbH, 1996, § 71 Rz. 24, 28 ff. und 33; *Ehricke,* AcP 199 (1999), 257, 266 f.; *Hachenburg/Ulmer* (Fußn. 6), Anh. § 30 Rz. 33; *Th. Raiser,* ZGR 1995, 156, 158 ff.; im Ergebnis auch *K. Schmidt,* NJW 1994, 447, der jedoch eine Fortentwicklung der Rechtsprechung zu einer allgemeinen Verhaltenshaftung des verantwortlichen Gesellschafters unabhängig vom Vorliegen eines Konzerntatbestands fordert; ähnlich jetzt BGH NJW 2001, 3622 „Bremer Vulkan".

[52] Vgl. *Roth/Altmeppen,* Kommentar zum GmbHG, 3. Aufl., 1997, § 13 Anh. Rz. 124 ff.; *Decher* (Fußn. 51); *Scholz/Emmerich* (Fußn. 10), Anh. Konzernrecht, Rz. 99 ff.

[53] BGH NJW 1994, 446.

[54] *K. Schmidt,* NJW 1994, 447; ebenso *Roth/Altmeppen* (Fußn. 52), § 13 Rz. 24; ähnlich *Kübler,* NJW 1993, 1204, 1205; *Roth,* ZGR 1993, 170, 198 ff.

[55] Zur Kritik vgl. *Hachenburg/Ulmer* (Fußn. 6), Anh. § 30 Rz. 40.

Trotz dieser Einschränkung im Anwendungsbereich lassen sich die meisten der in Frage kommenden Sachverhalte unter diese Konzernhaftung subsumieren. Die Fälle der qualifizierten Unterkapitalisierung erfüllen bei Vorliegen eines Konzernsachverhalts, also bei Unternehmereigenschaft des in Anspruch genommenen Gesellschafters, stets den Tatbestand des qualifiziert faktischen Konzerns, und zwar in der Fallgruppe der nachhaltigen Nichtbeachtung der rechtlichen Selbständigkeit der abhängigen Gesellschaft.[56] Daher hätte der Bundesgerichtshof in der Grundsatzentscheidung BGHZ 68, 312 (Typenhaus-Fall) sicherlich anders entschieden, nämlich das herrschende Unternehmen zum Verlustausgleich oder – subsidiär – zur Haftung entsprechend §§ 302, 303 AktG verurteilt, wenn es bereits im Jahre 1977 die Grundsätze des qualifiziert faktischen Konzerns gegeben hätte.[57]

Nach den Rechtsprechungsgrundsätzen trägt im übrigen der Anspruchsteller als Gläubiger die Darlegungs- und Beweislast für die Voraussetzungen der Konzernhaftung.[58] Er muß aber lediglich solche Umstände vortragen und gegebenenfalls beweisen, die die Annahme zumindest nahe legen, bei der Führung der GmbH seien ihre eigenen Belangte im Hinblick auf das Konzerninteresse über bestimmte ausgleichsfähige Einzeleingriffe hinaus beeinträchtigt worden. Hat der Anspruchsteller diese Anforderungen erfüllt, obliegt es dem (Unternehmens-)Gesellschafter seinerseits, substantiiert zu bestreiten, wenn er die maßgeblichen Tatsachen kennt und ihm die Darlegung des Sachverhalts zumutbar ist. Kommt er dem nicht nach, ist das Vorbringen des Anspruchstellers gemäß § 138 Abs. 3 ZPO als zugestanden anzusehen.[59]

Zusammenfassend bleibt festzuhalten, dass die Grundsätze des qualifiziert faktischen Konzerns, sofern der in Anspruch genommene Gesellschafter – wie in praktisch allen entschiedenen Fällen – Unternehmensqualität zukommt, die Sachverhalte der materiellen Unterkapitalisierung angemessen regeln.

---

[56] Vgl. *Decher* (Fußn. 51), § 71 Rz. 33; *Grüner,* NGZ 2000, 601, 603; *Kiethe/Groeschke,* BB 1997, 1957 f.; *Scholz/Emmerich* (Fußn. 10), Anh. Konzernrecht Rz. 103; *Wilken,* WiB 1997, 453 ff.; wohl auch *Heider,* in: Münchener Kommentar zum AktG, 2000, § 1 Rz. 71.

[57] So die zutreffende Bewertung von *Th. Raiser,* Recht der Kapitalgesellschaften, 2. Aufl., 1992, § 29 Rz. 28. Anschaulich daher die Fälle OLG Dresden NZG 2000, 598 und OLG Dresden AG 1997, 330.

[58] BGHZ 122, 123, 132 f.

[59] Vgl. im einzelnen die Zusammenfassung der Rechtsprechung bei *Decher* (Fußn. 51), § 71 Rz. 19 ff.; *Habersack,* in: *Emmerich/Habersack,* Aktienkonzernrecht, 1998, vor § 311 Rz. 37; *Krieger,* ZGR 1994, 375, 389 f. sowie BAG ZIP 1999, 24, 27.

c) Sonstige Anspruchsgrundlagen

Die sonstigen möglichen zivilrechtlichen Anspruchsgrundlagen wegen Unterkapitalisierung, insbesondere eine Haftung nach § 823 Abs. 2 BGB i. V. m. § 64 GmbHG oder aus culpa in contrahendo sind in der Literatur einschließlich der damit verbundenen Vor- und Nachteile ausgiebig erörtert. Auf diese Diskussion[60] kann verwiesen werden. Gemeinsam ist diesen Anspruchsgrundlagen, dass die Haftungsbegrenzung durch eine Verschuldenshaftung überwunden wird. Um eine Durchgriffshaftung handelt es sich bei ihnen nicht.

IV. Zusammenfassung

Die vorstehenden Ausführungen haben gezeigt, dass die Rechtsprechung des Bundesgerichtshofs und des Bundesarbeitsgerichts sowie Teile des neueren gesellschaftsrechtlichen Schrifttums dem Institut der materiellen Unterkapitalisierung zu Recht ablehnend gegenüberstehen. Die dem Institut der materiellen Unterkapitalisierung zugrunde liegende Wertentscheidung, es dürfe bei einer eindeutigen und klar erkennbar unzureichenden Eigenkapitalausstattung keine Schutzlücken zu Lasten der Gesellschaftsgläubiger geben, wird von der Rechtsordnung nicht geteilt. Der Verzicht auf das Institut der materiellen Unterkapitalisierung wiegt im übrigen auch deshalb nicht so schwer, weil die Anwendung der allgemeinen Anspruchsgrundlagen, insbesondere von § 826 BGB, der Haftung nach den Grundsätzen des qualifiziert faktischen Konzerns, von § 823 Abs. 2 BGB i. V. m. § 64 GmbHG und culpa in contrahendo in praktisch allen Fällen zu vergleichbaren Ergebnissen führen.

---

[60] Vgl. *Hachenburg/Ulmer* (Fußn. 6), Anh. § 30 Rz. 24 ff.; *Banerja,* ZIP 1999, 1153 ff.; zur Haftung nach §§ 823 Abs. 2 BGB i. V. m. § 64 GmbHG ausführlich *Altmeppen/Wilhelm,* NJW 1999, 673 ff. Zur Haftung wegen schuldhaften Eingriffs in den Bestandsschutz vgl. neuerdings BGH NJW 2001, 3622 „Bremer Vulkan".

Bericht über die Diskussion der Referate Heermann und Wiesner

Von Friedrich Rosenstock (Rechtsanwalt, Berlin)

I.

Der Diskussionsleiter Horst Hammen schlug für die sich den Referaten von Peter Heermann und Georg Wiesner anschließende Aussprache eine Zweiteilung vor. Zunächst solle der Frage nachgegangen werden, ob ein Bedürfnis für eine Haftung wegen materieller Unterkapitalisierung bestehe (II.). Danach solle über die Herleitung eines Haftungsdurchgriffs (III.) diskutiert werden.

II.

Der Jubilar eröffnete die Diskussion mit der Bemerkung, es treffe zu, dass die Rechtsprechung in allen Fällen, in denen sie glaubte, eine Gesellschafterhaftung bejahen zu müssen, mit anderen Argumenten als der Figur des Haftungsdurchgriffs auf Grund materieller Unterkapitalisierung zu adäquaten Lösungen gekommen sei. Von daher gesehen scheine kein Bedürfnis für eine solche Haftung zu bestehen. Er halte es aber für verfrüht, diese „Türe zuzuschließen". Immerhin sei es denkbar, dass in der Zukunft Fälle aufträten, die man mit Hilfe anderer Rechtsgrundlagen, wie § 64 GmbHG, § 826 BGB oder der Konzernhaftung nicht lösen könne. Eine endgültige Aufgabe des Instituts sei daher nicht zu befürworten. Es müsse aber eingeräumt werden, dass es gewisse Schwierigkeiten gebe und ein praktisches Bedürfnis bei der GmbH nicht ganz greifbar sei. In diesem Zusammenhang rief der Jubilar die Entscheidung des BGH zum Siedlerverein in Erinnerung. Hier habe der BGH überhaupt nicht daran gezweifelt, dass die Mitglieder dieses Vereins im Wege der Durchgriffshaftung persönlich haften müssten.

Ein anderer Diskussionsteilnehmer wies auf einen Vorschlag von K. Schmidt hin, wonach die Problematik „Siedlerverein" auch über § 670 BGB hätte gelöst werden können. Gedanklicher Ansatz sei, dass der Verein die Funktion eines Treuhänders gehabt habe. Auf Grund des Sachverhalts, wonach der Pächter die angeblichen Ansprüche des Vereins gegen die Siedler gepfändet hatte, wäre dann eine Lösung über § 670 BGB möglich gewesen.

Anschließend hob ein Diskutant auf die Unterscheidung zwischen rechtsgeschäftlichen Gläubigern auf der einen Seite und gesetzlichen Gläubigern auf der anderen Seite ab. Erstere trügen die Informationslast, was ihnen aber auch bewusst sei. Dieser Umstand korrespondiere mit der Publizitätspflicht der GmbH. Allerdings kämen viele Gesellschaften ihren Publizitätspflichten in der Praxis nicht nach. Vor diesem Hintergrund habe die Europäische Kommission den Sanktionsmechanismus des Gesetzes als nicht ausreichend angesehen, da das Registergericht nur auf Antrag tätig werde. Trotz dieser praktischen Publizitätsprobleme sei es aber zweifelhaft, ob für rechtsgeschäftliche Gläubiger ein Bedürfnis für einen Haftungsdurchgriff bestehe. Nicht wesentlich anders verhalte es sich letztlich für gesetzliche Gläubiger. Hinsichtlich der Steuern bestehe eine Haftung der Gesellschafter und für die Sozialversicherungsbeiträge bestehe eine Haftung der Geschäftsführer. Auch wenn in dieser Aufzählung möglicherweise nicht alle potentiellen Gläubiger erfasst seien, so sah der Diskutant insgesamt kein Bedürfnis für einen Haftungsdurchgriff.

Ein weiterer Diskussionsteilnehmer stellte fest, dass zumindest die Haftung einer natürlichen Person gesetzlich geregelt sei, nämlich die des Geschäftsführers. Im übrigen gelte seit dem KapAEG, dass die §§ 32a, b nicht auf die Gesellschafter anzuwenden seien, die mit weniger als 10 % an der Gesellschaft beteiligt und nicht als Geschäftsführer tätig sind. Dies zeige die Wertentscheidung des Gesetzgebers, jedenfalls gewisse Gesellschafter nicht über das zu erbringende Stammkapital hinaus in die Haftung zu nehmen. Da die materielle Unterkapitalisierung nicht an ein Verschulden, sondern lediglich an einen objektiven Tatbestand anknüpfe, läge quasi eine Garantiehaftung vor, die den Rechtsverkehr stark beeinträchtigen würde.

Die Diskussion verlagerte sich dann in den Bereich des Insolvenzrechts, wo die Unterscheidung zwischen Verhaltens- und Verschuldenshaftung, nach Ansicht eines Vertreters aus der Praxis, besonders wichtig sei. Häufig könne in der Insolenz der Einzelnachweis für ein Verschulden aus praktischen Gründen nicht geführt werden. Insoweit könnte hier das Institut der materiellen Unterkapitalisierung möglicherweise weiterhelfen, sofern man in diesem Zusammenhang von einer Zustandshaftung ausgehe. Dieser Auffassung wurde von anderer Seite entgegengehalten, bei den vom Vorredner aufgeworfen Problemen handele es sich um Einzelfälle, bei denen teilweise ein Anwendungsdefizit existierender Normen zu beklagen sei. Damit könne das Institut der Durchgriffshaftung jedoch nicht gerechtfertigt werden.

Ein weiterer Diskussionsteilnehmer wies darauf hin, dass der Gesetzgeber zwischen Gläubiger und Gesellschafter die juristische Person geschaltet habe. Gegenüber dem Gläubiger hafte die juristische Person mit ihrem gesamten Vermögen. Der Gesetzgeber habe also nicht einfach eine Haftungsbegrenzung installiert. Fraglich sei, ob die Gläubiger einer juristischen Person besonders schutzwürdig seien. Im rechtsgeschäftlichen Verkehr sei dies jedenfalls zu verneinen, da sich der Gläubiger einer juristischen Person genauso über deren finanzielle Situation informieren könne wie über die finanzielle Situation einer natürlichen Person. Eine Bevorzugung der Gläubiger juristischer Personen sei nicht angemessen. Beachtet werden müsse allerdings der Umstand, dass eine GmbH aus dem Rechtsverkehr herausgenommen werden könne, indem sie, wenn sie vermögenslos geworden sei, gelöscht werde. Ein solches Herausnehmen aus dem Rechtsverkehr sei bei einer natürlichen Person dem Grunde nach nicht möglich, da sie für die von ihr begründeten Verbindlichkeiten bis zu ihrem Tode hafte. In diesem Zusammenhang müsse jedoch auch die neuere Rechtsentwicklung in den Blick genommen werden. Das Institut der Restschuldbefreiung ermögliche nämlich auch der natürlichen Person einen „Ausstieg" aus der Haftung. Damit sei der Unterschied zwischen juristischer und natürlicher Person, der das Bedürfnis einer Durchgriffshaftung möglicherweise hätte rechtfertigen können, nunmehr entfallen.

Bei der Frage nach dem Bedürfnis des Instituts sei, so der Jubilar, zunächst festzustellen, dass es Ersatzmechanismen gäbe. Als problematisch bezeichnete er in diesem Zusammenhang die persönliche Haftung der Geschäftsführer. Hier werde eine massive Ausweichstrategie betrieben, indem man die Geschäftsführer zur Haftung heranziehe, anstatt Gesellschafter haften zu lassen, die eigentlich verantwortlich seien und den Nutzen von der Gesellschaft hätten. Diese Entwicklung müsse zu der Frage Anlass geben, ob nicht der Brennpunkt der Problematik die mangelhafte Kapitalausstattung der Gesellschaft sei, wobei der Jubilar einräumte, dass es äußerst schwierig sei, über den im GmbHG klar manifestierten Willen des Gesetzgebers hinwegzugehen. Es stelle sich dann die Frage, was unter einer angemessenen Kapitalausstattung zu verstehen sei. Bei der Beantwortung dieser Frage seien aber wesentliche Fortschritte der Betriebswirtschaftslehre festzustellen, so dass im konkreten Einzelfall der Nachweis der materiellen Unterkapitalisierung gelingen könne.

Hammen vertrat die Auffassung, dass es möglich sein müsse, Kriterien für den Tatbestand der qualifizierten Unterkapitalisierung zu finden. Als Beispiel nannte er § 10 KWG. Dem widersprach Heermann unter Verweis auf sein Referat. Weder eine einfache noch eine qualifizierte Unterkapitalisierung ließen sich hinreichend genau bestimmen. Das Kriterium der Kreditunwürdigkeit, welches sich bei der sogenannten nominellen Unterkapitalisierung bewährt habe, sei zur Bestimmung einer materiellen Unterkapitalisierung nicht geeignet.

Vor allem gegen die Aussage des Jubilars, die Betriebswirtschaftslehre habe wesentliche Fortschritte bei der Festlegung einer angemessenen Kapitalausstattung gemacht, regte sich Widerspruch anderer Tagungsteilnehmer. So wurde u. a. ausgeführt, dass es bis zur Möglichkeit standardisierter Kriterien noch ein langer Weg sei. Im Übrigen wurde darauf hingewiesen, dass die Rechtsform der GmbH ein mögliches wirtschaftliches Risiko absenken, anders gewendet die Risikofreudigkeit der Unternehmensgründer erhöhen solle. Das Institut der materiellen Unterkapitalisierung würde somit die Investitionsbereitschaft, vor allem der nicht operativ tätigen Gesellschafter, die im Gegensatz zu Gesellschaftergeschäftsführern lediglich an einer Kapitalanlage interessiert seien, dramatisch verringern. Es sei ja gerade gewünscht, dass in Fällen eines besonders hohen unternehmerischen Risikos die Rechtsform der GmbH zur Verfügung stünde. Eine weitere Schwierigkeit stelle die Risikobewertung dar. Dies könne der einfache Unternehmer häufig nicht leisten. Es sei daher problematisch, wenn bereits fahrlässiges Verhalten für einen Haftungsdurchgriff ausreiche. Insgesamt müsse festgestellt werden, dass eine Haftung nach § 826 BGB als ausreichend anzusehen sei.

Dieser Sichtweise entgegnete wiederum der Jubilar, im Hinblick auf die Anwendung des § 826 BGB sei weniger der Nachweis des bedingten Vorsatzes, sondern vielmehr das Merkmal der Sittenwidrigkeit problematisch. Im Übrigen müsse leider festgestellt werden, dass eine Vielzahl von Unternehmen mutwillig mit der Absicht gegründet würden, von vornherein nicht für eine ausreichende Kapitalausstattung Sorge zu tragen. In diesen Fällen der qualifizierten Unterkapitalisierung werde die unzureichende Kapitalausstattung bewusst in Kauf genommen; von grober Fahrlässigkeit, wie sie wohl der Vorredner annehmen wolle, könne mithin nicht mehr die Rede sein. Dem Einwand des Jubilars wurde von anderer Seite entgegengehalten, dass die Fälle (die Kriterien) der mutwilligen Gründung unterkapitalisierter Gesellschaften vor allem im Bereich der sogenannten „new economy“ schwierig zu fassen seien. Im Übrigen müsse das Instrumentarium des BGB nicht als Ersatzinstrumentarium begriffen werden. Die Frage sei vielmehr, ob man darüber hinaus noch das Institut der materiellen Unterkapitalisierung benötige.

Ein weiterer Diskussionsbeitrag beschäftigte sich mit der Geschäftsführerhaftung nach § 64 GmbHG sowie einer möglichen Haftung des Mehrheitsgesellschafters, die vom Forum Europaeum Konzernrecht[1] in die Diskussion eingeführt worden sei und die vielleicht auch für den Fall der materiellen Unterkapitalisierung fruchtbar gemacht werden könne. Dazu merkte der Jubilar an, dass bei kleineren GmbH wegen der regelmäßig anzutreffenden Eigengeschäftsführung schon aus diesem Grund eine Haftung des Mehrheitsgesellschafters eintrete. Im Fall einer Fremdgeschäftsführung

---

1 Forum Europaeum Konzernrecht, Konzernrecht in Europa, ZGR 1998, 672–772.

mit dahinter stehendem Mehrheitsgesellschafter seien diese im Zweifel auch als herrschendes Unternehmen zu betrachten, so dass im qualifizierten Konzern Verlustausgleich zu leisten sei. Dem entgegnete ein anderer Diskussionsredner, dass der Fremdgeschäftsführer im Hinblick auf eine mögliche Haftung weniger interessant sei. Eine Verantwortlichkeit des Mehrheitsgesellschafters könne aber als Anreiz für eine rechtzeitige Stellung des Insolvenzantrages dienen.

III.

Der Jubilar stimmte der Ansicht zu, dass die Haftungsbeschränkung der Verminderung wirtschaftlicher Risiken und damit der Ankurbelung der Wirtschaft diene. Darüber dürfe aber nicht außer acht bleiben, dass es einen wichtigen Unterschied zwischen der Haftung natürlicher Personen und der Haftung juristischer Personen gebe. Wenn eine natürliche Person Verbindlichkeiten im Rahmen der Wirtschaftsordnung eingehe, dann schrecke sie jedenfalls vor Risiken zurück, die die private Lebensgrundlage in Frage stellen könnten. Insoweit gebe es ein natürliches Regulativ, welches bei der juristischen Person wegfalle. Vielmehr könne diese durch die Gesellschafter manipuliert werden, indem das wirtschaftliche Risiko in der juristischen Person konzentriert werde, ohne dass die Kapitalausstattung diesem Risiko entspreche. Die materiellen Ressourcen würden von den Gesellschaftern in der Hinterhand gehalten, so dass diese nach der gesetzlichen Konzeption im „sicheren Hafen" verblieben. Das Haftungsprivileg müsse gegenüber dem allgemeinen Prinzip des Zivilrechts, wonach jede Person für die Risiken haften muss, die sie im gesellschaftlichen und wirtschaftlichen Leben eingeht, als Ausnahmevorschrift begriffen werden. Dieses Haftungsprivileg rechtfertige sich aus wirtschaftspolitischen Vorstellungen, aber es bedürfe in Bezug auf die Einzelheiten einer weitergehenden Rechtfertigung. Bei dieser Herangehensweise verändere sich argumentativ, rechtsdogmatisch und rechtspolitisch der Schwerpunkt und es werde erheblich leichter, im Sinne der Normzwecklehre zu argumentieren, dass das Haftungsprivileg für gewisse, aber eben nicht für alle Zwecke gewährt sei. Von daher sei es ein legitimes Anliegen, dass diese Zwecke jeweils positiv belegt werden müssten.

Ein Teilnehmer führte aus, dass eine teilweise teleologische Reduktion des § 13 Abs. 2 GmbHG für diejenigen GmbH zur Debatte stehe, die materiell unterkapitalisiert seien. Es handele sich mithin um Gesellschaften ohne Vermögen. Folglich läge es doch näher, von einer Gesellschaft bürgerlichen Rechts auszugehen. Wiesner erwiderte hierauf, dass zumindest das vom Gesetzgeber vorgesehene Mindestkapital zum Zeitpunkt der Eintragung ins Handelsregister vorhanden gewesen sein müsse. Im Übrigen habe sich der Gesetzgeber der Problematik angenommen, denn es gebe die Kapitalaufbringungs- und die Kapitalerhaltungsvorschriften. Schließlich habe sich der Gesetzgeber bewusst dafür entschieden, die materielle Unterkapitalisierung nicht zu regeln. Zur Begründung habe er angeführt, dass einer solchen Regelung praktische Gründe entgegen stünden.

Hammen bemerkte hierzu, dass man sich § 13 Abs. 2 GmbHG wegdenken müsse, was die Anwendung des Rechts der oHG zur Folge habe und damit ein direkter Zugriff auf das Vermögen der Gesellschafter möglich sei. Der Jubilar bekräftigte, dass das allgemeine Zivilrecht als Ausgangspunkt angesehen werden müsse. Neben § 427 BGB für die Haftung mehrerer Beteiligter komme auch § 830 BGB im Deliktsrecht in Betracht. Im Übrigen müsse die juristische Person als gedankliche Zusammenfassung der Gesellschafter begriffen werden, die die Gesellschaft bilden und sie tragen. Darauf erwiderte Wiesner, es falle nicht die Sperre der juristischen Person weg, sondern es entfalle nur die „Wohltat" des § 13 Abs. 2 GmbHG. In dieser Vorschrift sei lediglich festgelegt, dass nicht der einzelne Gesellschafter hafte, sondern die Haftung auf das Vermögen der juristischen Person beschränkt sei; die juristische Person existiere hingegen weiter. Das Argument der Gesamtschuldnerschaft sei dann einleuchtend, wenn man davon ausgehe, dass mehrere Personen „ungeordnet" im Rechtsverkehr aufträten. Sobald sich aber diese Personen als Gesellschaft organisierten, gebe es eben bestimmte Spezialvorschriften. Für die oHG sei dies § 124 HGB, wonach sie Zuordnungssubjekt aller Rechte und Pflichten sei. Mit anderen Worten: Wenn nicht § 128 HGB die Haftung der Gesellschafter vorsähe, wäre eine gesamtschuldnerische Haftung keinesfalls selbstverständlich. Auch die GbR sei nach der Rechtsprechung Zuordnungssubjekt aller Rechte und Pflichten und daneben gebe es eine Haftung der Gesellschafter. Die Rechtsprechung habe sich zur Akzessorietätstheorie durchgerungen, wobei Wiesner einräumte, dass dies lange umstritten gewesen sei. Der direkte Rückgriff auf § 427 BGB als eine Art „Urgesamtschuldnerschaft" leuchte ihm jedenfalls nicht ein.

Ein weiterer Teilnehmer warf die Frage nach der Differenzierung zwischen Gesamtschuldnerschaft und Mithaftung auf. Möglicherweise sei der GmbH-Gesellschafter nur für den Schadensausgleich verantwortlich, während die Leistungspflicht, die die GmbH in einem Vertrag übernommen habe, vom Gesellschafter nicht übernommen werde. Wiesner merkte dazu an, die h. M. beziehe sich insoweit auf § 128 HGB, der nicht nur eine Schadensersatzverpflichtung, sondern eine echte Haftung begründe. Es bestehe eine inhaltliche Leistungspflicht, soweit der Gesellschafter dazu in der Lage sei.

In diesem Zusammenhang wurden weitere grundsätzliche Bedenken gegen einen Haftungsdurchgriff wegen materieller Unterkapitalisierung geltend gemacht. Wenn es richtig sei, dass die Gesellschafter als Gesamtschuldner hafteten, dann stelle sich doch die Frage, wer für die Unterkapitalisierung der Gesellschaft die Verantwortung trage. Es sei notwendig, die Verhaltenspflichten der Gesellschafter zu definieren und die Frage der Zurechenbarkeit zu klären. Wenn man den Haftungsdurchgriff zulassen wolle, dann müsse man die Kriterien, in welchen Fällen die Haftung eintreten solle, genau festlegen. Es müsse festgestellt werden, wer für die Unterkapitalisierung verantwortlich sei. Dies sei eine Frage der Verteilung der Leitungsverantwortlichkeit. Wenn es die Gesellschafter seien, die im konkreten Fall die Leitungsverantwortlichkeit inne gehabt hätten, müssten diese Personen auch als Gesellschafter haften. Die zu entwickelnden Kriterien müssten mit der Angemessenheit der Kapitalausstattung in Zusammenhang stehen. Problematisch sei der Fall einer Fremdgeschäftsführung, in dem eine Zurechenbarkeit des nicht an der Geschäftsführung beteiligten Gesellschafters unter Umständen nicht möglich sei.

Ein weiterer Diskussionsteilnehmer sah in dem Rückgriff auf die Gesellschafter, trotz weiteren Bestehens einer juristischen Person, kein Problem. § 13 Abs. 2 GmbHG setze voraus, dass ein solcher Rückgriff möglich sein müsse, da die Vorschrift andernfalls überflüssig sei. In diesem Sinne führte ein weiterer Diskutant an, dass regelmäßig streng zwischen juristischer Person und den Gesellschaftern unterschieden werde. Diese strenge Trennung sei dem Gesetzgeber offensichtlich selbst nicht „ganz geheuer gewesen", denn sonst hätte er diese Vorschrift gar nicht eingefügt. Wenn man die strikte Trennung zwischen Gesellschaftern und juristischer Person durchführe, sei die Norm eigentlich sinnlos, da ihr Inhalt dann selbstverständlich sei.

Schlussendlich griffen einige Diskutanten die Modalitäten eines Haftungsdurchgriffs auf. Im Insolvenzverfahren dürfe ein „Wettlauf der Gläubiger" nicht eintreten. Ansprüche, die die persönliche Haftung der Gesellschafter beträfen, seien durch den Insolvenzverwalter geltend zu machen. Dies bestimme § 171 Abs. 2 HGB und gelte nunmehr auch gem. § 93 InsO. In der Insolvenz habe daher der Verwalter alle Ansprüche wegen materieller Unterkapitalisierung geltend zu machen. Der Jubilar stimmte insoweit zu, dass dies eine naheliegende Lösung sei. Die Argumentation sei dieselbe wie bei der Haftung in der Vorgesellschaft oder wie bei der Konzernhaftung. Für eine Durchgriffshaftung wegen materieller Unterkapitalisierung gelte im Grunde nichts anderes. Im Normalfall sei von einer Innenhaftung auszugehen. Wenn aber beispielsweise das Insolvenzverfahren mangels Masse nicht eröffnet werde, dann müsse ein direkter Zugriff möglich sein. Die Frage nach der Höhe der Haftung sei schwierig und der Jubilar wollte sich in diesem Punkt nicht festlegen. Ein voller Schadensersatzanspruch käme wohl nur im Fall des § 826 BGB in Betracht. Bei einer reinen Unterkapitalisierung beschränke sich die Schuld der Gesellschafter auf die Auffüllung des für notwendig gehaltenen Kapitals.

Haftung in der Betriebsaufspaltung

Thesen zum Haftungsverbund von Konzernschwestern im Unterordnungs- und Gleichordnungskonzern

Von Dr. Rüdiger Veil (Humboldt-Universität zu Berlin)

I. Einleitung

Mit einer Betriebsaufspaltung verbindet sich in der Regel das Ziel, Haftungsrisiken zu minimieren.[1] Doch haftet den Gläubigern der Betriebsgesellschaft wirklich nur das Gesellschaftsvermögen (§ 13 Abs. 2 GmbHG)? Bereits Ende der achtziger Jahre entzündete sich eine Diskussion über das Bedürfnis eines besonderen Gläubigerschutzes, was die Veranstalter des 5. RWS-Symposions im Jahre 1990 veranlasste zu fragen, ob von der Betriebsaufspaltung Abschied zu nehmen sei.[2] Blickt man zurück, fällt auf, dass zentrale, seinerzeit kontrovers diskutierte Probleme mittlerweile höchstrichterlich entschieden sind. Die Judikate des BGH zu eigenkapitalersetzenden Gebrauchsüberlassungen haben dazu beigetragen, dass diese Rechtsmaterie klare Konturen gewonnen hat. Ambivalent muss dagegen ein Resumée zum konzernrechtlich begründeten Gläubigerschutz in der Betriebsaufspaltung ausfallen. Eine Entscheidung des II. Zivilsenats des BGH liegt nicht vor.[3] Im Schrifttum besteht schon im Ausgangspunkt Streit, ob ein konzerntypischer Interessenkonflikt vorliegt, der eine besondere Verantwortlichkeit der an Besitz- und Betriebsgesellschaft beteiligten Gesellschafter rechtfertigt. In diese Diskussion ist Bewegung geraten durch ein Urteil des 3. Senats des BAG vom 8.9.1998,[4] mit dem das Gericht eine konzern-

---

[1] Bisher waren auch steuerliche Erwägungen für eine Betriebsaufspaltung maßgeblich. Vgl. *Brandmüller,* Die Betriebsaufspaltung nach Handels- und Steuerrecht, 7. Aufl. 1997, Teil A Rz. 42 ff. Sie dient heute auch noch der Unternehmensnachfolge. Ferner kann der von der Besitzgesellschaft vereinnahmte Pachtzins die Funktion haben, die Altersversorgung des Unternehmensgründers sicherzustellen. Vgl. *Brandmüller,* Teil A Rz. 31 ff.; *Holzwarth,* Konzernrechtlicher Gläubigerschutz bei der klassischen Betriebsaufspaltung, 1994, S. 19 f.

[2] Vgl. RWS Forum 5, Abschied von der Betriebsaufspaltung?, 1990, hrsg. von *Priester/Timm* mit Beiträgen von *Priester, Timm, Brandes, Knobbe-Keuk* und *Willemsen.*

[3] Der Fertighaus-Fall (BGHZ 68, 312) wäre allerdings nach heutigen Erkenntnissen auch konzernrechtlich zu würdigen.

rechtliche Haftung der Besitzgesellschaft für Verbindlichkeiten der Betriebsgesellschaft bejaht hat.

Diese skizzenhaft beschriebene Entwicklung der Debatte über den Gläubigerschutz in der Betriebsaufspaltung soll im folgenden kritisch reflektiert werden. Hierzu ist zunächst ein kurzer Blick auf die typischen Gefahren für Gläubiger zu werfen und aufzulösen, ob die Regeln über eigenkapitalersetzende Gesellschafterleistungen zu einem effektiven Schutz beitragen. Ferner soll die im UmwG vorgesehene Haftung der Besitzgesellschaft für betriebsverfassungsrechtliche Ansprüche der bei der Betriebsgesellschaft beschäftigten Arbeitnehmer analysiert werden. Im Anschluss kann untersucht werden, was konzernrechtliche Haftungsregeln zu leisten vermögen. Im Blickpunkt steht das Urteil des BAG. Handelt es sich bei den vom BAG postulierten Haftungsregeln um einen „eigenständigen Durchgriffstatbestand“,[5] oder sind sie als eine „auf § 242 BGB gestützte“ Rechtsfortbildung mit einem „konzernrechtlichen Ansatz“[6] zu verstehen?

Der Beitrag behandelt die beiden in der Praxis vorherrschenden Erscheinungsformen einer Betriebsaufspaltung. Beim sog. „Steuerberater-Modell“ beschränkt sich die Besitzgesellschaft darauf, der Betriebsgesellschaft das unbewegliche Anlagevermögen (Grundstücke) zur Nutzung zu überlassen. Dagegen bleibt die Besitzgesellschaft beim sog. „Betriebserhaltungsmodell“ Eigentümerin des Betriebs, den sie der Betriebsgesellschaft verpachtet. Mitunter nimmt sie noch bestimmte unternehmerische Funktionen wahr, indem sie beispielsweise für den Vertrieb der Waren sorgt, die von der Betriebsgesellschaft produziert werden.[7] Charakteristisch sind in beiden Varianten enge personelle Verflechtungen.[8] Es werden lediglich die kapitalistischen Gestaltungen behandelt, die Probleme bei Einmann-Gesellschaften können nicht erörtert werden.

---

4 BAG ZIP 1999, 723.

5 So die Vermutung von *Henssler,* ZGR 2000, 479, 487.

6 In diesem Sinne *Bork* EwiR § 322 AktG 1/99; *Hennsler,* ZGR 2000, 479, 499.

7 Vgl. zur Variationsbreite der Gestaltungen die Überblicke bei *Bentler,* Das Gesellschaftsrecht der Betriebsaufspaltung, 1986, S. 42 f.; *Brandmüller* (Fußn. 1), Teil A Rz. 5 ff.; *Drygala,* Der Gläubgerschutz bei der typischen Betriebsaufspaltung, 1991, S. 4 ff.; *Fabritius,* Die Überlassung von Anlagevermögen an die GmbH durch Gesellschafter, 1988, S. 19 ff.; *Holzwarth* (Fußn. 1), S. 30 ff.

8 Typischerweise sind an Besitz- und Betriebsgesellschaft dieselben Personen beteiligt. Zwischen Besitz- und Betriebsgesellschaft können aber auch mitgliedschaftliche Beziehungen bestehen (vertikale Betriebsaufspaltung). Im Regelfall sind aber beide Gesellschaften nicht miteinander verbunden (horizontale Betriebsaufspaltung).

II. Gefahrenpotentiale für Gläubiger

Im Schrifttum wird die Betriebsaufspaltung meist als eine in besonderem Maße die Interessen der Gläubiger gefährdende Unternehmensumstrukturierung bewertet. Es wird argumentiert, dass die Verlustrisiken in einer Gesellschaft konzentriert würden, deren Kapitalausstattung unzureichend sei und die langfristig über kein (Anlage-) Vermögen verfüge. Ferner resultiere aus den regelmäßig anzutreffenden personellen Verflechtungen eine erhöhte Gefahr, dass Vermögenswerte verschoben würden.[9] Diese Aspekte können verdeutlicht werden, indem exemplarisch der Sachverhalt skizziert wird, über den das BAG zu entscheiden hatte.

Eine GmbH & Co. KG hatte das von ihr betriebene Unternehmen aufgespalten, indem sie die Möbelproduktion auf eine neu gegründete Gesellschaft, ebenfalls eine GmbH & Co. KG, übertrug. Diese Produktionsgesellschaft veräußerte die Möbel der Besitzgesellschaft, die für den Vertrieb sorgte und alle zentralen Verwaltungsaufgaben erledigte. Sie war ferner Eigentümerin des Betriebsgrundstücks und der Produktionsanlagen, die sie der Produktionsgesellschaft zur Nutzung überließ. Die Produktionsgesellschaft hatte für die Nutzung zwar keinen Miet- oder Pachtzins zu zahlen, doch wurde dieser Umstand bei der Bemessung des Kaufpreises berücksichtigt, den die Produktionsgesellschaft von der Vertriebsgesellschaft für die Möbel erhielt. Die Preise waren so kalkuliert, dass die Produktionsgesellschaft mit einem – am Umsatz gemessen – geringen Gewinn arbeitete. Die Vertriebsgesellschaft war alleinige Auftraggeberin der Produktionsgesellschaft, beschaffte die erforderlichen Rohstoffe und verkaufte sie ihr zur auftragsbezogenen Produktion der Möbel. Die Arbeitnehmer wurden ausschließlich von der Produktionsgesellschaft beschäftigt, Löhne und Gehälter von ihr ausgezahlt, wobei allerdings mitunter Unklarheiten über die Person des Arbeitgebers herrschte. Über das Vermögen der Produktionsgesellschaft wurde im Jahr 1994 das Konkursverfahren eröffnet. Das BAG hatte zu entscheiden, ob die Vertriebsgesellschaft, wie der Pensionssicherungsverein meinte, für die Versorgungsansprüche der von der Produktionsgesellschaft beschäftigten Arbeitnehmer einzustehen hat, was vom Gericht bejaht wurde.

Die Beteiligten verfolgten durch die Aufteilung der unternehmerischen Funktionen das Ziel, Haftungsrisiken zu minimieren. Es war aber auch angestrebt, Gewinne aus operativer Tätigkeit in der Besitzgesellschaft zu realisieren. Dazu wurden die schuldrechtlichen Beziehungen zwischen Besitz- und Betriebsgesellschaft „instrumentalisiert". Wenn die Betriebsgesellschaft ausschließlich für die Produktion der Waren zuständig ist und die Materialien von der Besitzgesellschaft bezieht, ist sie in ein Netz von Verträgen verstrickt, die so aufeinander abgestimmt werden können, dass sie nur über ein Mindestmaß an Liquidität verfügt. Erschwerend kann hinzukommen, dass finanziell relevante Nebenleistungspflichten auf die Betriebsgesellschaft abgewälzt werden, indem diese beispielsweise die Kosten für Erhal-

---

[9] Vgl. exemplarisch *Braun,* ZIP 1983, 1175; *Ulmer,* ZIP 1984, 1163, 1172; *ders.,* ZHR 148 (1984), 391, 398.

tungs-, Erweiterungs- und Neuinvestitionen zu tragen hat. Durch die vielfältigen Möglichkeiten einer Vertragsgestaltung kann mithin erreicht werden, dass die Betriebsgesellschaft einerseits die unternehmerischen Risiken zu tragen hat, andererseits nicht in der Lage ist, Gewinn zu erwirtschaften, den sie als Grundlage für ihre weitere unternehmerische Tätigkeit thesaurieren könnte.

In einem solchen Szenarium muss es nicht verwundern, dass Ansprüche der Arbeitnehmer nicht mehr befriedigt werden können[10] und sich das Insolvenzrisiko realisiert.[11] Gläubiger müssen dann mit einem vollständigen Forderungsausfall bzw. einer vernachlässigungsfähigen Insolvenzquote rechnen. Die Betriebsaufspaltung erweist sich folglich als ein institutioneller und vorweggenommener Ressourcenabzug, der zu Lasten der Gläubiger gehen kann.

Für die h. A. ist aus diesen Gründen ein durch Konzernrecht zu gewährleistender Gläubigerschutz unabweisbar. Dagegen reklamieren einige Stimmen, es lasse sich nicht eindeutig nachweisen, dass von der Betriebsaufspaltung regelmäßig eine „verstärkte Gläubigergefährdung über das Normalmaß hinaus“ ausgehe, die durch „das herkömmliche Sanktionensystem“ nicht ausreichend erfasst werde.[12] Diese von Timm und Drygala formulierten Bedenken haben ihre Berechtigung nicht verloren. Es ist daher zu analysieren, in welcher Weise die Gläubiger durch allgemeine gesellschaftsrechtliche Regeln geschützt sind.

III. Gläubigerschutz durch allgemeines Gesellschaftsrecht

In der Zahlung überhöhter Miet- bzw. Pachtzinsen kann ein Verstoß gegen das Verbot liegen, Einlagen an die Gesellschafter zurückzugewähren (§ 30 Abs. 1 GmbHG). Voraussetzung ist aber, dass die Beträge zur Stammkapitaldeckung erforderlich sind. Nur dann unterliegen die Vertragsbeziehungen zwischen Besitz- und Betriebsgesellschaft einer gesellschaftsrechtlichen Angemessenheitskontrolle. Dem Auszahlungsverbot kommt somit nur eine beschränkte Wirkung zu. Doch könnten die Regeln über eigenkapitalersetzende Gesellschafterleistungen einen weitergehenden Beitrag leisten.

---

[10] Im skizzierten BAG-Fall beschäftigte die Produktionsgesellschaft ca. 300 Arbeitnehmer.

[11] Vgl. *Braun,* ZIP 1983, 1175; in der Praxis habe sich gezeigt, dass masselose Konkurse von GmbH „in nicht unerheblichem Maße“ solche von Betriebsgesellschaften seien.

[12] *Timm* (Fußn. 2), S. 27, 30; *Drygala* (Fußn. 7), S. 17 ff.

1. Die Regeln über eigenkapitalersetzende Gesellschafterleistungen

a) Eckdaten

Nach gefestigter Rechtsprechung unterfällt die Nutzungsüberlassung von Wirtschaftsgütern den Regeln des Eigenkapitalersatzrechts (§ 32a Abs. 3 S. 1 GmbHG), selbst wenn Grundstücke und Produktionsmittel nicht durch einen Gesellschafter, sondern ein mit ihm verbundenes Unternehmen zur Verfügung gestellt werden.[13] Leistungen der Besitzgesellschaft haben eigenkapitalersetzenden Charakter, wenn sich die Betriebsgesellschaft in der Krise befindet. Die Regeln sind allerdings nur anwendbar, wenn der Gesellschafter in diesem Zeitpunkt eine Finanzierungsentscheidung getroffen hat, die Gesellschaft entweder zu liquidieren oder ihr Kapital zuzuführen. Fraglich ist, worin diese Finanzierungsentscheidung zu sehen ist, wenn die Betriebsgesellschaft nicht von Anfang an überlassungsunwürdig[14] war. Der Kreditvertrag kann, wenn er auf die Dauer von zehn oder zwanzig Jahren geschlossen wurde, jedenfalls nicht ordentlich gekündigt werden,[15] so dass schwerlich angenommen werden kann, die Nutzungsüberlassung werde „stehen gelassen". Schließlich könnte die Besitzgesellschaft die Wirtschaftsgüter rechtzeitig abziehen, wenn ihr ein außerordentliches Kündigungsrecht für den Fall zustünde, dass die Betriebsgesellschaft zahlungsunfähig wird.

Der BGH hat solchen Strategien durch eine spezifisch gesellschaftsrechtliche Lösung den Weg versperrt,[16] deren Grundlage die typischerweise anzutreffende Gesellschafteridentität ist: Bei Kriseneintritt müssten sich die Gesellschafter in angemessener Zeit darüber schlüssig werden, ob sie, indem sie der Betriebsgesellschaft das Anlagevermögen weiter belassen, deren Geschäftsbetrieb fortführen oder ob sie durch Herausnahme der Gegenstände die Gesellschaft beenden wollten. Wenn die Gesellschafter in dieser Situation die Betriebsgesellschaft nicht liquidierten, führe dies zur Umqualifizierung der gewährten Unterstützung in Eigenkapitalersatz. Damit stehen die Grundpfeiler des durch das Eigenkapitalersatzrecht gewährleisteten Gläubigerschutzes fest. Seine Konturen schälen sich aber erst heraus, wenn

---

[13] Der BGH nimmt an, Besitz- und Betriebsgesellschaft bildeten eine wirtschaftliche Einheit; vgl. BGHZ 121, 31, 34 f.; 127, 1, 5.

[14] Vgl. zur Ausgestaltung des Überlassungsvertrags, namentlich im Hinblick auf die Beurteilung des eigenkapitalersetzenden Charakters einer Gesellschafterleistung *Drygala* (Fußn. 7), S. 60 f.

[15] Vgl. aber auch BGHZ 127, 1. Die Verpächterin war berechtigt, den Pachtvertrag fristlos zu kündigen, wenn die Pächterin mit der Zahlung einer Pachtzinsrate ganz oder teilweise länger als 14 Tage nach Zahlungsaufforderung im Rückstand war oder wenn sie in Vermögensverfall geriet oder aus sonstigen wirtschaftlichen Gründen nicht in der Lage war, den Betrieb fortzuführen.

[16] BGHZ 121, 31, 36 f.

Klarheit darüber besteht, welche Rechtsfolgen mit einer eigenkapitalersetzenden Nutzungsüberlassung verbunden sind.

b) Rechtsfolgen einer eigenkapitalersetzenden Gebrauchsüberlassung

aa) Rechtsprechungsgrundsätze

Die Besitzgesellschaft kann analog § 30 Abs. 1 GmbHG den Miet- oder Pachtzins nicht beanspruchen, wenn und solange er zur Deckung des Stammkapitals benötigt wird. In der Insolvenz sind diese Forderungen in vollem Umfang wie Eigenkapital gebunden (§ 32a Abs. 1 GmbHG). Der Insolvenzverwalter ist berechtigt, die Wirtschaftsgüter zugunsten der Masse zu verwerten, indem er sie innerhalb des Gesellschaftsunternehmens nutzt oder anderweitig vermietet oder verpachtet.[17] Der Gesellschafter (die Besitzgesellschaft) soll aber grundsätzlich nicht verpflichtet sein, anstelle der weiteren Überlassung der Gegenstände den Wert des Nutzungsrechts in Geld zu ersetzen. Dies sei nur ausnahmsweise anders zu beurteilen, nämlich wenn die Nutzungsüberlassung dadurch unmöglich werde, dass der Gesellschafter die Gegenstände gegen den Willen der Gesellschaft oder des Insolvenzverwalters veräußere oder wenn die Gegenstände einverständlich veräußert würden und zwischen den Beteiligten Einigkeit darüber bestünde, dass der Erlös in Höhe des Restwerts des Nutzungsrechts der Gesellschaft oder der Insolvenzmasse zufließen solle.[18]

Es besteht somit grundsätzlich kein Anspruch der Masse auf Ersatz des Verkehrswertes oder des kapitalisierten Wertes der weiteren Nutzung des Grundstücks. Die Rechtsfolgen beschränken sich darin, dass der Insolvenzverwalter Produktionsmittel und Grundstücke an Dritte vermieten bzw. verpachten und die Erträge zur Befriedigung der Insolvenzgläubiger verwenden kann. Doch hat die Rechtsprechung ein funktionsfähiges Sanktionensystem entworfen? Um über die Effektivität des Verwertungsrechts Aufschluss zu erlangen, ist in den Blick zu nehmen, für welchen Zeitraum der Insolvenzverwalter das Grundstück einem Dritten überlassen darf.[19]

---

[17] Ein Anspruch der Insolvenzmasse auf Übertragung des Eigentums an Wirtschaftsgütern besteht nicht. Nach gefestigter Rechtsprechung ändert sich die dingliche Rechtszuständigkeit nicht. Vgl. BGHZ 127, 1, 9 f.; 127, 17, 24 f.; nunmehr auch h. A. im Schrifttum, vgl. *Fastrich,* in: *Baumbach/Hueck,* Kommentar zum GmbHG, 17. Aufl., 2000, § 32 a Rz. 59 b; *Lutter/Hommelhoff,* Kommentar zum GmbHG, 15. Aufl., 2000, §§ 32 a/b, Rz. 146.

[18] BGHZ 127, 1 Leitsatz c); 127, 17 Leitsatz b).

[19] *Lutter/Hommelhoff* (Fußn. 17), §§ 32 a/b Rz. 149 sehen hierin das „Zentralproblem" der „Zwangsüberlassung."

bb) Effektivität des Verwertungsrechts

Nach Ansicht des BGH beurteilt sich die Dauer einer zwangsweisen Nutzungsüberlassung in erster Linie nach den im Vertrag getroffenen Abreden. Dieser müsse einem Drittvergleich standhalten. Einer zeitlichen Begrenzung sei nur insoweit eine Wirkung beizumessen, als sie ernst gemeint sei und nicht ihrerseits gegen die Kapitalgrundsätze verstoßen würde.[20] Dies sei anzunehmen, wenn ein gleicher Vertrag mit den vereinbarten Beendigungszeitpunkten und Kündigungsfristen mit einem außenstehenden Dritten nicht zustande gekommen wäre.[21]

Der Insolvenzverwalter hat somit zunächst zu prüfen, ob die vertraglich vereinbarten Kündigungsrechte und die vereinbarte Dauer der Nutzungsüberlassung wirksam sind. Die Praxis wird sich auf die Rechtsprechung des BGH eingestellt haben, so dass die Beteiligten wohl kaum eine extrem kurz bemessene Gebrauchsdauer vereinbaren werden. Da die Teilnichtigkeit des Vertrags im Regelfall nicht evident feststellbar sein dürfte, gerät der Insolvenzverwalter in ein unsicheres Fahrwasser. Er hat zunächst zu beurteilen, ob sich ein außenstehender Dritter an der Stelle der Gesellschaft auf eine solche Vertragsgestaltung eingelassen hätte und weiter, für welchen Zeitraum die Gegenstände noch genutzt werden dürfen. Angemessen ist nach der Rechtsprechung der Zeitraum, auf den sich ein außenstehender Dritter unter Berücksichtigung der Art der zur Nutzung überlassenen Gegenstände und unter Wahrung seiner eigenen Vertragsinteressen vernünftigerweise eingelassen hätte.[22]

Festzuhalten ist, dass der Insolvenzverwalter rechtliche Prüfungen vorzunehmen hat, die angesichts der abstrakten Kriterien mit einem erheblichen Unsicherheitsfaktor belastet sind. Die Rechtslage lässt sich nicht zuverlässig einschätzen. Dies ist nicht vernachlässigungsfähig, sondern entscheidend für eine Antwort auf die eingangs aufgeworfene Frage nach der Funktionsfähigkeit der Eigenkapitalersatzregeln. Angesichts der zahlreichen Unwägbarkeiten dürften Dritte kaum bereit sein, Grundstücke langfristig zu mieten bzw. zu pachten. Eine kurzfristige Gebrauchsüberlassung des Anlagevermögens dürfte in den meisten Fällen mangels eines Interesses Dritter scheitern.[23] Der Insolvenzverwalter kann sich freilich mit den Gesellschaftern über die Einzelheiten einer Verwertung des Nutzungsrechts verständigen. Hierbei befindet er sich aber in einer ungünstigen Verhandlungssituation. Er

---

[20] BGHZ 121, 31, 40; 127, 1, 10.

[21] BGHZ 121, 31, 40; 127, 1, 10 f. Vgl. hierzu *Haas/Dietrich*, in *v. Gerkan/Hommelhoff* (Hrsg.), Handbuch des Kapitalersatzrechts, 2000, Rz. 8.82 und Rz. 8.85 zu den im Einzelfall auftretenden Schwierigkeiten.

[22] BGHZ 127, 1, 11.

[23] Vgl. *Drygala* (Fußn. 7), S. 65.

wird kaum in der Lage sein, Ergebnisse zu erzielen, die zu einer signifikanten Vergrößerung der Insolvenzmasse führen.

Die Überlegungen leiten zu der Frage über, ob der BGH dem Verwalter nicht doch das Recht hätte gewähren sollen, die Befugnis zur weiteren Nutzung der Gegenstände gegenüber den Gesellschaftern zu liquidieren. Der II. Zivilsenat hat seine Auffassung darauf gestützt, ein Gesellschafter habe sich nicht zu einer Geldeinlage, sondern bloß zur Überlassung von Gegenständen verpflichtet. Dem geltenden Recht könne nicht entnommen werden, dass sich ein Nutzungsrecht in der Insolvenz ohne weiteres zu einem auf Wertersatz gerichteten Zahlungsanspruch gegen den Gesellschafter umwandle.[24] Ferner begründe das Eigenkapitalersatzrecht kein Zuführungsgebot, sondern statuiere ein Abführungsverbot. Das Risiko, dass eine solche Verwertung aus praktischen Gründen nicht möglich ist, hätten die Gläubiger, nicht die Gesellschafter zu tragen.

Beide Argumente sind aus meiner Sicht nicht zwingend. Das Eigenkapitalersatzrecht ist von einer wirtschaftlichen Betrachtungsweise geprägt. Bei der gebotenen Abgrenzung der Risikosphären ist darauf abzustellen, dass die Fremdfinanzierung aus Gesellschafterhand in Gestalt von Nutzungsüberlassungen typischerweise mit einer erhöhten Insolvenzanfälligkeit der Betriebsgesellschaft verbunden ist. Die mangelnde Verwertungsfähigkeit ist das Ergebnis einer vom Gesellschafter bzw. der mit ihm verbundenen Unternehmen getroffenen Maßnahme und daher nicht der Risikosphäre der Betriebsgesellschaft (der Gläubiger) zuzurechnen. Es sollte schließlich bedacht werden, dass über die Werthaltigkeit der Befugnis, das Nutzungsrecht zu verwerten, erst auf der Grundlage rechtlicher Prüfungen entschieden werden kann. Die Last der Rechtsanwendung ruht allein auf den Schultern des Insolvenzverwalters. Seine Position gegenüber den Gesellschaftern wäre erheblich gestärkt, wenn er von ihnen den Ersatz des Nutzungswerts verlangen könnte. Nur unter dieser Prämisse könnte schließlich einer künstlichen Verlängerung des Insolvenzverfahrens entgegnet werden.

c) Fazit

Das Eigenkapitalersatzrecht hat klare Konturen erlangt. Die Nutzungsüberlassung von Wirtschaftsgütern kann als eine eigenkapitalersetzende Gesellschafterleistung zu qualifizieren sein. Die Rechtsprechung trägt insoweit dem Umstand Rechnung, dass in den verschiedenen Fällen einer Betriebsaufspaltung eine Unterkapitalisierung der Betriebsgesellschaft mindestens in Kauf genommen wird. Doch korreliert dieser Befund nicht mit den von der Rechtsprechung anerkannten Rechtsfolgen. Im Ergebnis leisten die Regeln

---

[24] BGHZ 127, 1, 14.

nur einen bescheidenen Beitrag zum Gläubigerschutz. Eine andere Bewertung setzte voraus, dass der BGH seine Rechtsprechung änderte. Der Insolvenzverwalter sollte berechtigt sein, das Entgelt des Restnutzwerts zu verlangen. Doch ist fraglich, ob mit einem solchen Schritt gerechnet werden kann.

2. Schutz der Arbeitnehmer

Arbeitnehmer sind von einer Aufspaltung eines Unternehmens in eine Besitz- und eine Betriebsgesellschaft besonders betroffen, da sie in der Regel bei der insolvenzanfälligen Betriebsgesellschaft beschäftigt sind.[25] Doch ist dies nicht zwingend. Die Weichen werden bei der Aufspaltung der unternehmerischen Aktivitäten gestellt. Eindeutig dürften die Fälle einzuordnen sein, in denen das Anlagevermögen im Eigentum der Besitzgesellschaft verbleibt und der Betriebsgesellschaft zur Nutzung überlassen wird („Steuerberatungsmodell"). Der Vorgang wird regelmäßig als Betriebsübergang zu beurteilen sein.[26] Anders kann es sich beim „Betriebserhaltungsmodell" verhalten. Sofern die Besitzgesellschaft weiterhin wesentliche unternehmerische Funktionen ausübt, gehen die Arbeitsverhältnisse, selbst wenn der Vorgang von den Beteiligten als Betriebsübergang dargestellt werden mag, nicht auf die Produktionsgesellschaft über. Sind die Voraussetzungen eines Betriebsübergangs erfüllt, haftet die Besitzgesellschaft nicht für Lohn- und Versorgungsansprüche. Doch genießen die Arbeitnehmer einen besonderen, in der Diskussion bisher vernachlässigten Schutz, wenn die Betriebsaufspaltung nach den Vorschriften des UmwG vollzogen wird.

a) Haftung der Anlagegesellschaft bei Aufspaltung des Unternehmens nach den Vorschriften des Umwandlungsgesetzes (§ 134 UmwG)

Vorteil einer Betriebsaufspaltung gemäß UmwG ist, dass Passiva ohne Zustimmung der Gläubiger übertragen werden können. Die Gläubiger sind durch einen Anspruch auf Sicherheitsleistung (§ 22 UmwG) und eine gesamtschuldnerische Haftung der an der Spaltung beteiligten Rechtsträger für bereits begründete Verbindlichkeiten (§ 133 UmwG) geschützt. Ferner bestimmt § 134 UmwG für den Sonderfall einer Betriebsaufspaltung, dass die Anlagegesellschaft gesamtschuldnerisch neben der Betriebsgesellschaft

---

25 Die Verhältnisse sind mitunter komplexer. Dem Tatbestand des BAG-Urteils läßt sich entnehmen, dass vielen Arbeitnehmern unklar war, ob sie bei der Vertriebs- oder Produktionsgesellschaft beschäftigt waren. Die Arbeitslöhne wurden mal von der einen, mal von der anderen Gesellschaft ausgezahlt.

26 Vgl. *Konzen,* Unternehmensaufspaltungen und Organisationsänderungen im Betriebsverfassungsrecht, 1986, S. 49.

für betriebsverfassungsrechtliche Ansprüche aus §§ 111–113 BetrVG[27] und für Versorgungsansprüche gemäß dem Gesetz zur Verbesserung der betrieblichen Altersversorgung haftet. Die Vorschrift erfasst auch Ansprüche, die nach Wirksamwerden der Spaltung begründet werden. Arbeitnehmer, die erst nach der Spaltung von der Betriebsgesellschaft beschäftigt werden, können die Besitzgesellschaft ebenfalls in Anspruch nehmen.

Nach dem Wortlaut des § 134 UmwG hat die Anlagegesellschaft nur bei einer Abspaltung für die Ansprüche der Arbeitnehmer einzutreten (§ 123 Abs. 2 UmwG). Das Regelungsziel könnte mithin umgangen werden, wenn die Beteiligten die Unternehmensteile aufspalteten bzw. ausgliederten. Deshalb soll nach wohl nun h. M. die Vorschrift auf die genannten Fälle analog anzuwenden sein. Hommelhoff hat zu Recht herausgestellt, dass das Gesetz eine planwidrige Regelungslücke enthält. Die Interessenlage ist jedenfalls bei einer Ausgliederung, nach zutreffender Meinung aber auch bei einer Aufspaltung[28] identisch.

b) Haftung der Besitzgesellschaft analog § 134 UmwG bei Betriebsaufspaltungen im Wege der Einzelrechtsnachfolge

Noch nicht abschließend geklärt ist, ob eine Haftung der Besitzgesellschaft auch dann zu bejahen ist, wenn die betrieblichen Funktionen auf „herkömmlichem" Wege aufgespalten werden, Aktiva und Passiva also einzeln übertragen werden. Dann gehen, anders als bei der Unternehmensspaltung nach UmwG, Vertragsverhältnisse und Verbindlichkeiten nur mit Zustimmung der Vertragspartner und der Gläubiger über. Diese sind somit bei der Geburt einer Betriebsaufspaltung ausreichend geschützt. Es ist fraglich, ob dies uneingeschränkt auch für Arbeitnehmer zutrifft.

Zwei Fälle sind denkbar. Erstens kann einer neu gegründeten Gesellschaft das Anlagevermögen übertragen werden. Der Betriebsgesellschaft würde Vermögen entzogen werden, ohne dass der Vorgang als Betriebsübergang i. S. v. § 613 a BGB zu qualifizieren wäre. Zweitens kommt in Betracht, dass das Anlagevermögen bei der Gesellschaft verbleibt und die Produktionsmittel in eine andere Gesellschaft eingebracht werden. Dann würden die Arbeitsverhältnisse kraft Gesetzes auf die Betriebsgesellschaft übergehen. In beiden Fällen unterscheidet sich die Sachlage nicht signifi-

---

27 Erfasst werden Sozialplan-, Abfindungs- und Ausgleichsansprüche der Arbeitnehmer.

28 *Hommelhoff,* in: Lutter, Kommentar zum UmwG, 2. Aufl., 2000, § 134 Rz. 45, 47; *Willemsen,* in: Kallmeyer, Kommentar zum UmwG, 1997, § 134 Rz. 4 f.; a. A. für die Aufspaltung *Dehmer,* Kommentar zum UmwG, 2. Aufl., 1996, § 134 Rz. 15; Vossius, in: Widmann/Mayer, Kommentar zum UmwG, Stand: 34. Lieferung 1996, § 134 Rz. 5.

kant von einer Betriebsaufspaltung nach UmwG, so dass eine analoge Anwendung von § 134 UmwG nahe liegt.[29]

Dagegen könnte sprechen, dass bei den im UmwG erfassten Fällen einer Spaltung eine spezialgesetzliche Haftung erforderlich ist, weil Verträge und Schulden ohne Zustimmung der Vertragspartner und Gläubiger auf einen neuen Rechtsträger übergehen. Diesem Aspekt trägt das Gesetz aber bereits durch die gesamtschuldnerische Haftung der an der Spaltung beteiligten Rechtsträger Rechnung. Daher kann § 134 UmwG sich nicht aus der partiellen Gesamtrechtsnachfolge erklären. Dies leitet zu der Frage über, worin der Zweck der Vorschrift zu sehen ist. Klarheit lässt sich erst unter Heranziehung der Entstehungsgeschichte gewinnen. Der RefE UmwG sah eine solche Haftung nicht vor. Sie wurde in das Gesetz auf Intervention des Bundesministers für Arbeit und Sozialordnung aufgenommen und damit begründet, eine Betriebsaufspaltung erweise sich für Arbeitnehmer als besonders gefährlich, so dass ein besonderer Schutz unentbehrlich sei.[30] Dieser Aspekt hat sich im Gesetz niedergeschlagen, denn die Anlagegesellschaft haftet auch für Ansprüche der Arbeitnehmer, die erst nach der Unternehmensaufspaltung begründet werden.

Vor diesem Hintergrund ist § 134 in gewisser Weise als ein „Fremdkörper" im UmwG zu verstehen. Es ist erklärtes Regelungsziel, den bei einer Betriebsaufspaltung typischerweise anzutreffenden Gefahren für Arbeitnehmer zu entgegnen. Um Wertungswidersprüche zu vermeiden, ist die Vorschrift auf sämtliche, dem Tatbestand des § 134 UmwG entsprechende Formen einer Betriebsaufspaltung analog anzuwenden.[31] Dagegen mag ange-

[29] Das Schrifttum hat sich bisher nahezu einmütig gegen eine solche Rechtsfortbildung ausgesprochen, ohne aber den Standpunkt vertieft zu begründen. Vgl. *Dehmer* (Fußn. 28), § 134 Rz. 6; *Kallmeyer/Willemsen* (Fußn. 28), § 134 Rz. 6; *Widmann/Mayer/Vossius* (Fußn. 28), § 134 Rz. 16 ff., mit dem bemerkenswerten Hinweis, dass „aus diesem Grund ... der Praxis Wege offen stehen, die das Rechtsinstitut der Spaltung oftmals entwertenden Arbeitnehmerprivilegien in § 134 zu umgehen." (!) Dagegen hat *Hommelhoff* (Fußn. 28), § 134 Rz. 20 die Frage noch offen gelassen.

[30] Ergänzungsvorschlag des Bundesministers für Arbeit und Sozialordnung zum Referentenentwurf eines Gesetzes zur Bereinigung des Umwandlungsrechts vom 9.4.1992. Unter Ziff. 2 des nicht veröffentlichten Schreibens wird die vorgeschlagene Haftung wie folgt begründet: „Mit einer Spaltungskonstruktion, die die Schaffung einer „armen" Betriebsgesellschaft mit den Arbeitnehmern und einer „reichen" Anlagegesellschaft ermöglicht, ist die Gefahr verbunden, dass Sozialplanleistungen bei einem evtl. Personalabbau gering gehalten oder gar ausgeschlossen werden. Außerdem besteht die Gefahr, dass in der „armen" Betriebsgesellschaft die für die Erfüllung der Arbeitnehmeransprüche auf Geld- und Sachleistungen erforderliche Haftungsmasse entzogen wird (Flucht aus der Haftung!). Für die Gesamtschuldnerschaft spricht, dass hier die Betriebsstruktur und die Beschäftigungsverhältnisse im wesentlichen unverändert bleiben."

führt werden, die Arbeitnehmer seien nicht schutzwürdig, weil sie dem Übergang der Arbeitsverhältnisse widersprechen könnten. Überzeugend ist der Einwand nicht. Bei einer Unternehmensumwandlung nach UmwG ist § 613a BGB ebenfalls anwendbar (§ 324 UmwG), den Arbeitnehmern steht gleichfalls ein Widerspruchsrecht zu.

3. Fazit

Die bisher gewonnenen Ergebnisse hinterlassen einen ambivalenten Eindruck. Die Interessen bestimmter Gläubiger, namentlich der Arbeitnehmer, sind in praktisch relevanten Bereichen durch Haftungsregeln geschützt. Der gebotene Gläubigerschutz wird jedoch weder durch spezialgesetzliche Regeln noch durch das Recht eigenkapitalersetzender Gesellschafterleistungen gewährleistet.

IV. Gläubigerschutz durch Konzernrecht

1. Meinungsstand

In der Diskussion über einen Gläubigerschutz durch Konzernhaftung haben sich im Kern zwei Ansichten herauskristallisiert. Die h. A. begreift die horizontale Betriebsaufspaltung als einen faktischen Unterordnungskonzern: Der an Besitz- und Betriebsgesellschaft mehrheitlich beteiligte Gesellschafter sei aus Sicht der Betriebsgesellschaft herrschendes Unternehmen, weil sich mit seiner Beteiligung an der Besitzgesellschaft typischerweise anderweitige wirtschaftliche Interessen verbinden würden. Bei einer qualifizierten faktischen Leitung der Betriebsgesellschaft habe er analog § 302 AktG für die Verluste der Betriebsgesellschaft einzustehen; ferner unterliege er einer Ausfallhaftung analog § 303 AktG.[32] Nach manchen Stimmen soll

---

[31] Es muss sich um eine Unternehmensaufspaltung handeln, bei der ein Rechtsträger sein Vermögen in der Weise spaltet, dass die zur Führung eines Betriebs notwendigen Vermögensteile im wesentlichen auf einen übernehmenden oder mehrere übernehmende Rechtsträger übertragen werden und die Tätigkeit dieses Rechtsträgers oder dieser Rechtsträger sich im wesentlichen auf die Verwaltung dieser Vermögensteile beschränkt, während dem übertragenden Rechtsträger diese Vermögensteile bei der Führung seines Betriebs zur Nutzung überlassen werden. Hinzu kommen muss ferner, dass an den Rechtsträgern, die bei einer solchen Aufspaltung mitwirken, im Wesentlichen dieselben Personen beteiligt sind. Entsprechendes gilt schließlich, wenn die Vermögensteile bei dem übertragenden Rechtsträger verbleiben und dem übernehmenden oder neuen Rechtsträger zur Nutzung überlassen werden. Eine analoge Anwendung von § 134 UmwG kommt in beiden Konstellation in Betracht.

[32] *Bentler* (Fußn. 7), S. 110 ff.; *Emmerich,* in: Scholz, Kommentar zum GmbHG, 9. Aufl., 2000, Anh. Konzernecht, Rz. 124; *Holzwarth* (Fußn. 1), S. 191 ff.; *Schulze-*

hierfür schon eine personelle Verflechtung des herrschenden Unternehmens mit der Geschäftsleitung der Betriebsgesellschaft als beherrschter Gesellschaft genügen.[33] Eine unmittelbare Einstandspflicht der Besitzgesellschaft wird von den Verfechtern dieser Konzeption entweder nicht erwogen oder aber abgelehnt.[34]

Einige Autoren stellen dagegen das Bedürfnis eines solch weitgehenden Gläubigerschutzes in Abrede.[35] Die unbeschränkte Haftung des Mehrheitsgesellschafters, in der Betriebsaufspaltung regelmäßig eine natürliche Person, sei nicht gerechtfertigt. Mangels eines verbundtypischen Interessenkonflikts sei der Mehrheitsgesellschafter nicht Unternehmen i. S. v. §§ 15 ff. AktG.[36] Besitz- und Betriebsgesellschaft könnten aber Unternehmen eines Gleichordnungskonzerns sein. Zwischen ihnen bestünden Treuepflichten, deren Verletzung Schadensersatzansprüche der Betriebsgesellschaft auslösten.[37] Ferner sei unter restriktiven Voraussetzungen ein nach Maßgabe von § 302 Abs. 1 AktG ausgestalteter Haftungsverbund von Betriebs- und Besitzgesellschaft zu erwägen.[38]

In diese Auseinandersetzung ist nunmehr durch das Urteil des BAG Bewegung geraten. In seiner Entscheidung vom 8.9.1998 hat das Gericht ei-

---

Osterloh, ZGR 1983, 123, 147 ff.; *Weimar,* ZIP 1988, 1525, 1527; im Grundsatz auch *Wiedemann,* ZIP 1986, 1293, 1301 f.; zurückhaltend dagegen *Ulmer* NJW 1986, 1579, 1586; differenzierend zwischen Betriebserhaltungs- und Steuerberatermodell *Ziegler,* Kapitalersetzende Gebrauchsüberlassungsverhältnisse und Konzernhaftung, 1989, S. 173 ff.

[33] Pointiert in diesem Sinne *Holzwarth* (Fußn. 1), S. 197 ff. mit der weitreichenden Schlußfolgerung, bei einer „entscheidenden" personellen Verflechtung sei der Einfluß des herrschenden Unternehmens nicht isolier- und kontrollierbar; sympathisierend *Emmerich* (Fußn. 32), Rz. 124.

[34] Vgl. aber auch *Schaub,* NZA 1989, 5, 8, der unter Berufung auf das Autokran-Urteil ohne Begründung einen Haftungsdurchgriff auf das Vermögen der Besitzgesellschaft bejaht. Vgl. ferner *Holzwarth* (Fußn. 1), S. 208 ff., die die Frage vor dem Hintergrund beleuchtet, ob der im Unterodnungsverhältnis geschuldete Verlustausgleich analog § 302 Abs. 1 AktG beschränkt sein könnte auf das Beteiligungsvermögen des herrschenden Gesellschafters. Selbst wenn man eine solche Haftungsbeschränkung bejahte, könnte freilich die Konzernschwester nicht unmittelbar in Anspruch genommen werden. *Holzwarth,* S. 216 erörtert einen solchen Zugriff dann aber unter der Prämisse, dass die Besitzgesellschaft Konzernleitungsmacht ausübt und daher als herrschendes Unternehmen aufzufassen sei.

[35] *Drygala* (Fußn. 7), S. 79 f., 100 ff.; *Timm* (Fußn. 2), S. 27, 36 f.

[36] *Drygala* (Fußn. 7), S. 98 ff.; *Priester,* in: Heidelberger Konzernrechtstage, *Hommelhoff/Stimpel/Ulmer* (Hrsg.), S. 223, 242; zum Steuerberater-Modell ebenfalls *Ziegler* (Fußn. 32), S. 173 f. Vgl. ferner BSG DStR 1996, 1536, 1538, das eine Konzernhaftung geprüft, mangels herrschender Einflussnahme der Gesellschafter jedoch abgelehnt hat.

[37] *Drygala* (Fußn. 7), S. 119 ff.

[38] *Drygala* (Fußn. 7), S. 123 ff.

nen dritten Weg beschritten, indem es scheinbar versöhnlich die konträren Auffassungen in ihren Rechtsfolgen zusammengeführt hat:

> „Eine Durchgriffshaftung auf das Vermögen der Besitzgesellschaft ist dann gerechtfertigt, wenn die Betriebsgesellschaft von der Besitzgesellschaft gesteuert wird, die Betriebsgesellschaft nicht für ihre Liquidität vorsorgen kann und die Besitzgesellschaft nicht darzulegen vermag, dass sich eine unabhängige Gesellschaft auf eine derartige Verhaltensweise hätte einlassen können."[39]

Und weiter heißt es:

> „Zwar handelt es sich bei der Vetriebsgesellschaft nicht um das rechtlich herrschende Mutterunternehmen der Produktionsgesellschaft. Dies war die Verwaltungs-GmbH. Sie hat sich jedoch der Vertriebsgesellschaft bei ihrer beherrschenden, auf die Interessen der Produktionsgesellschaft unzureichend Rücksicht nehmenden Leitung bedient. Sie hat bei ihr ihre unternehmerischen und ihre Vermögensinteressen konzentriert. Die Vorteile, die sich aus der unzureichenden Berücksichtigung der Interessen der Produktionsgesellschaft für den Unternehmensverbund ergaben, sind so planmäßig zur Vertriebsgesellschaft gelangt. Deren Vermögen muß dann auch im Wege der Durchgriffshaftung für die Verbindlichkeiten der Produktionsgesellschaft einstehen."[40]

Das Urteil ist bemerkenswert, weil es sich, soweit ersichtlich, um die erste Entscheidung eines obersten Gerichts handelt, in der ein konzernrechtlicher Durchgriff auf eine Konzernschwester bejaht wird. Es gibt Anlass, über systemgerechte Konzernhaftungskonzepte nachzudenken, insbesondere ob und auf welchen Ebenen ein Globalausgleich rechtsfortbildend entwickelt werden kann. Damit wird das Gerüst geschaffen sein, um die Verhältnisse in der Betriebsaufspaltung zutreffend einzuordnen und Antworten auf den konzernrechtlich begründeten Gläubigerschutz zu geben.

2. Fokussierung der Konzernrechtsdiskussion auf vertikale Konzernrechtsverhältnisse

Nach h.M. stehen der Unterordnungs- und der Gleichordnungskonzern in einem Ausschließlichkeitsverhältnis. Dreh- und Angelpunkt für eine zutreffende Einordnung faktischer Konzernverhältnisse ist, ob die Gesellschaft von einem *Unternehmen abhängig* ist.[41]

---

[39] BAG ZIP 1999, 723, 724.

[40] BAG ZIP 1999, 723, 725.

[41] Vgl. exemplarisch *Emmerich,* in: *Emmerich/Habersack,* Aktienkonzernrecht, 1998, § 18 Rz. 22: „Die Grenze zum Unterordnungskonzern ist ... häufig flüssig, da die Entscheidung über die Annahme eines Unterordnungs- oder eines Gleichordnungskonzerns hier letztlich davon abhängt, ob man das Leitungsorgan als Unternehmen im Sinne des Konzernrechts qualifiziert oder nicht, vorausgesetzt, daß im zuerst genannten Fall noch eine Abhängigkeit von der als Leitungsorgan fungierenden Gesellschaft hinzukommt"; ferner *Geßler,* in: *Geßler/Hefermehl,* Kommentar

Es kann als geklärt angesehen werden, dass in einem Unterordnungskonzern das herrschende Unternehmen einer konzernrechtlichen Verantwortlichkeit unterliegt. Eine abhängige Aktiengesellschaft darf nicht zu nachteilhaften Maßnahmen oder Rechtsgeschäften veranlasst werden, wenn nicht zugleich eine Kompensation erfolgt oder zugesagt wird (§ 311 AktG); andernfalls hat das herrschende Unternehmen einzelne schädigende Maßnahmen auszugleichen (§ 317 AktG). In der GmbH besteht nach h.M. ein treuepflichtgesteuerter Schutz der abhängigen Gesellschaft. Das herrschende Unternehmen unterliegt einem Schädigungsverbot und kann bei Verstoß gegen seine Pflichten zum Schadensersatz verpflichtet sein.[42]

Schließlich haftet der eine GmbH beherrschende Unternehmensgesellschafter entsprechend den §§ 302, 303 AktG, wenn er die Konzernleitungsmacht in einer Weise ausübt, die keine angemessene Rücksicht auf die eigenen Belange der abhängigen Gesellschaft nimmt, ohne dass sich der ihr insgesamt zugefügte Nachteil durch Einzelausgleichsmaßnahmen kompensieren ließe.[43] Zwar soll nunmehr nach der Entscheidung „Bremer Vulkan" der Schutz einer abhängigen Einmann-GmbH nicht dem Haftungssystem der §§ 291 ff. folgen. Doch hat der BGH einen Bestandsschutz der Gesellschaft anerkannt, der vom Alleingesellschafter verlangt, auf die Eigenbelange der Gesellschaft Rücksicht zu nehmen.[44]

Dagegen sieht das Gesetz keine besonderen Verantwortlichkeiten der Konzernunternehmen eines Gleichordnungskonzerns vor.[45] Die h.A. lehnt das Bedürfnis besonderer Haftungsregeln ab. Sie argumentiert, bei faktisch gleichgeordneten Konzernunternehmen könne davon ausgegangen werden, dass die Leitungsorgane die Interessen der Unternehmen nicht verletzten.[46] Bei Bestehen eines Gleichordnungskonzernvertrags sei ein besonderer Schutz ebenfalls entbehrlich. Schon aus dem Gesetz folge, dass ein solcher Vertrag kein Beherrschungsvertrag sei (§ 291 Abs. 2 AktG), und er sei auch nicht als ein anderer Unternehmensvertrag zu qualifizieren.[47] Sowohl

---

zum AktG, 1973, § 18 Rz. 67; *Koppensteiner,* in: Kölner Kommentar zum Aktiengesetz, 2. Aufl., 1986, § 18 Rz. 5.

[42] BGHZ 65, 21; *Raiser,* ZHR 151 (1987), 422, 429, 440; *Zöllner,* in: *Baumbach/Hueck,* Kommentar zum GmbHG, 17. Aufl. 2000, Schlussanhang I, Rz. 81 ff.

[43] BGHZ 95, 330, 334 (Autokran); 107, 7, 15 (Tiefbau); 115, 187, 192 (Video), 122, 123, 126 (TBB).

[44] BGH ZIP 2001, 1874, 1876 (Bremer Vulkan). Nach *Ulmer,* ZIP 2001, 2021, 2023 ff. soll das Urteil nichts „grundlegend Neues" bringen.

[45] Den Materialien zur Aktienrechtsnovelle von 1965 ist zu entnehmen, dass der Gesetzgeber materiell-rechtliche Vorschriften, insbesondere solche über den Schutz der außenstehenden Aktionäre und Gläubiger, nicht für erforderlich hielt. Vgl. BegrRegE, *Kropff,* Textausgabe Aktiengesetz, 1965, S. 377.

[46] *Gromann,* Die Gleichordnungskonzerne im Konzern- und Wettbewerbsrecht, 1979, S. 57 f.

im faktischen als auch im vertraglichen Gleichordnungskonzern dürften freilich nur vorteilhafte bzw. erfolgsneutrale Weisungen gegeben werden.[48] Andernfalls mache sich das geschäftsleitende Organ des betroffenen Konzernunternehmens schadensersatzpflichtig.[49] Andere Stimmen halten es zwar für zulässig, dass sich die Gesellschaft einer in gewisser Weise verdichteten Leitung unterstellt. Doch würde hierdurch keine Abhängigkeit der Gesellschaft begründet, so dass die unternehmensvertraglichen Sicherungsinstrumente nicht anwendbar seien.[50]

Festzuhalten ist, dass die Qualifikation der Verhältnisse in einer Unternehmensgruppe als Unterordnungs- oder als Gleichordnungskonzern präjudiziell ist für höchst unterschiedliche Haftungssysteme. Dies mag ein Grund dafür sein, dass die Rechtsprechung den Unternehmensbegriff extensiv interpretiert hat. Konsequenz dieser Sichtweise ist, so der Einwand einiger Autoren in der Diskussion über die Urteile „Autokran"[51] und „Video",[52] dass Gesellschafter mit multiplem Beteiligungsbesitz zwangsläufig als herrschendes Unternehmen im Sinne des Konzernrechts zu begreifen sind. Ferner verbleibe für den Gleichordnungskonzern kaum noch ein Anwendungsbereich.[53] Es darf jedoch nicht verkannt werden, dass es sich aufdrängte, den Blick auf die vertikalen Leitungsstrukturen zu lenken. Dem Gesetz können eindeutig die Haftungsregeln entnommen werden, die bei einer legalen Konzernleitung aufgrund eines Beherrschungsvertrags eingreifen, während es für den Gleichordnungskonzern weder besondere Regeln über die Pflichten der Konzernunternehmen vorsieht, noch den Schutz von Gläubigern und außenstehenden Aktionären zu gewährleisten sucht. Ferner lassen sich nicht mit gleicher Klarheit unternehmensvertragliche Wertungen ausmachen, die für eine rechtsfortbildende Etablierung von Schutzmechanismen fruchtbar gemacht werden könnten.

---

47 *Altmeppen,* in: Münchener Kommentar zum AktG, 2000, § 291 Rz. 212; *Hüffer,* Kommentar zum AktG, 3. Aufl. 1999, § 291 Rz. 34; *Koppensteiner,* in: Kölner Kommentar zum Aktiengesetz, 2. Aufl., 1987, § 291 Rz. 73, 78; *Milde,* Der Gleichordnungskonzern, 1996, S. 229 f.; *Krieger,* Münchener Handbuch Aktiengesellschaft, Band 4, 2. Aufl. 1999, § 68 Rz. 84.

48 *Gromann* (Fußn. 46), S. 58 ff.; *Hommelhoff,* Die Konzernleitungspflicht, 1982, S. 389; *Krieger* (Fußn. 47), § 68 Rz. 86; *Lutter,* Gutachten H für den 48. Deutschen Juristentag, 1970, S. 39 f.

49 *Gromann* (Fußn. 46), S. 58 ff.

50 *Koppensteiner* (Fußn. 47), § 291 Rz. 77.

51 BGHZ 95, 330.

52 BGHZ 115, 187.

53 Vgl. *Ehlke,* DB 1986, 523, 524; *Wellkamp,* DB 1993, 2517; *K. Schmidt,* ZHR 155 (1991), 417, 425, 432 ff. bezeichnet das Vorgehen der h. M., jeden Gleichordnungskonzern in einen Unterordnungskonzern umzuwandeln, sobald es zur Abhängigkeit kommt, als Verdrängungs- bzw. Ausweichstrategie.

Mit diesem Befund könnte gelebt werden, wenn das Modell einer vertikalen Haftung befriedigende Lösungen bereit hielte, um allen Gefahren gerecht zu werden, die sich aus den vielfältigen Formen der Konzernleitung ergeben. Davon scheint das BAG ausgegangen zu sein, denn es hat eine Ausfallhaftung der mit der Konzernspitze verbundenen Unternehmen bejaht. Eine solche Verantwortlichkeit lässt sich freilich durch den Hinweis auf eine angeblich h.M. nicht begründen.[54] Die Debatte über einen durch Konzernrecht verwirklichbaren Gläubigerschutz ist von dem Bemühen geprägt, Legitimation und Voraussetzungen eines vertikalen Haftungsdurchgriffs zu eruieren. Kern der Argumentation ist, dass eine faktische Konzernherrschaft, die nur bei Bestehen eines Beherrschungsvertrags zulässig wäre, in den Rechtsfolgen äquivalent zu behandeln ist. Für einen zusätzlichen auf konzernrechtliche Erwägungen gestützten Durchgriff auf das Vermögen der Konzernschwestern ist kein Raum. Die Rechtsfolgen können nicht über jene hinausgehen, die das Gesetz für den Fall vorsieht, dass zwischen herrschendem und abhängigem Unternehmen ein Beherrschungsvertrag besteht. Das herrschende Unternehmen darf dann auch nachteilige Weisungen erteilen, vorausgesetzt sie sind in seinem Interesse oder im Interesse der mit ihm verbundenen Unternehmen (§ 308 Abs. 1 AktG). Der Gesetzgeber hat folglich einen Ressourcenabzug zugunsten von Konzernschwestern bei Bestehen eines Beherrschungsvertrags zugelassen. Er hat sich aber darauf beschränkt, eine Verlustübernahme durch das herrschende Unternehmen vorzusehen (§ 302 Abs. 1 AktG); die Konzernschwestern haften nicht.

Nimmt man das BAG im Ausgangspunkt seiner Argumentation beim Wort, dass ein Unterordnungskonzern vorgelegen hatte, erweist sich die wesentliche Entscheidungsaussage, die Besitzgesellschaft würde unbeschränkt für die Verbindlichkeiten der Betriebsgesellschaft haften, selbst auf der Grundlage des bislang herrschenden Verständnisses über die Haftung im qualifizierten faktischen Konzern als eine Rechtsfortbildung contra legem. So gesehen muss es verwundern, dass das Urteil im gesellschaftsrechtlichen Schrifttum auf eine vorsichtig formulierte Zustimmung gestoßen ist. Es ist die Rede von einer gebotenen Weiterentwicklung der Konzernhaftung,[55] die

---

[54] Nicht anders ist das BAG verfahren, indem es sich auf Beiträge von *Schaub, Ulmer* und *Wiedemann* berufen hat. Vgl. ferner die zutreffende Kritik von *Henssler* ZGR 2000, 479, 488 f. zur mangelhaften „Subsumtionsarbeit" des Gerichts.

[55] Auch *Henssler,* ZGR 2000, 479, 495 konstatiert, dass die vom BAG befürwortete Haftung „außerhalb der ‚Verhaltenshaftung', wie sie vom BGH in der ‚TBB'-Entscheidung entwickelt wurde", liegt. Es könne nur vermutet werden, dass „das BAG gleichwohl einen eigenständigen Durchgrifftstatbestand entwickeln wollte", indem es „drei Kriterien für einen Haftungsdurchgriff auf die Schwestergesellschaft" entwickelt habe; vgl. *Henssler* 487. Eine solche Urteilsanalyse unterstellt, dass sich das BAG rechtsfortbildend um einen konzernrechtlichen Haftungsdurchgriff bemüht hat. Doch kann davon keine Rede sein. Die vom BAG verwandten Kriterien ent-

ihre Grundlage in § 242 BGB habe.[56] Die Rezensenten bemühen sich, die „neuen BAG-Grundsätze" in die TBB-Rechtsprechung des II. Zivilsenats des BGH einzuordnen.[57] Sie blenden jedoch aus, dass der Globalausgleich analog § 302 Abs. 1 AktG im faktischen Unterordnungskonzern nur vom herrschenden Unternehmen geschuldet sein kann.

Festzuhalten ist, dass ein konzernrechtlicher Haftungsdurchgriff mit den Erwägungen des BAG nicht begründbar ist. Damit steht aber noch nicht fest, dass konzernrechtliche Verantwortlichkeiten auf dieser Ebene ausgeschlossen sind. Zwei Fragen sind klärungsbedürftig. Es ist zu untersuchen, ob sich Unterordnungs- und Gleichordnungskonzern wirklich ausschließen und welche Haftungsregeln in diesen Verhältnissen rechtsfortbildend entwickelt werden können. Im folgenden ist zunächst der zweite Problemkomplex aufzugreifen. Nach einer im Vordringen befindlichen Ansicht sollen im Gleichordnungskonzern besondere Haftungsregeln bestehen. Es lässt sich jedoch weder eine einheitliche Begründungslinie noch ein klar umrissenes Haftungsmodell feststellen.[58]

3. Konzeption der Haftungsverhältnisse in gleichgeordneten Konzernrechtsbeziehungen

a) Haftungsmodelle

Drygala hat in der Betriebsaufspaltung eine Erscheinungsform des faktischen Gleichordnungskonzerns ausgemacht und Haftungsregeln zwischen der Besitz- und der Betriebsgesellschaft formuliert. Diese seien zwar als Konzernunternehmen nicht gesellschaftsrechtlich miteinander verbunden. Doch sei die Besitzgesellschaft auf die Betriebsgesellschaft als einzige Einnahmequelle angewiesen. Berücksichtige man die mittelbare Verbindung

---

sprechen nahezu wortgleich den Ausführungen von *Schaub* in NZA 1989, 5, 8. Diese referieren aber nur die tragendenden Aussagen der Autokran-Entscheidung, in der der BGH gerade nicht über eine Haftung von Schwestergesellschaften zu befinden hatte. Das BAG gelangt somit durch Bezugnahme auf eine in einzelnen Aspekten unzutreffende Urteils-Interpretation zum gewünschten Ergebnis.

56 *Bork,* EwiR § 322 AktG 1/99; *Henssler,* ZGR 2000, 479, 499.

57 Prononciert in diesem Sinne *Henssler,* ZGR 2000, 479, 499.

58 Hinzuweisen ist ferner auf die von *Ehlke* in DB 1986, 523 formulierte Kritik am Autokran-Urteil. *Ehlke* hatte darauf aufmerksam gemacht, dass bei den Beteiligungsstrukturen ein Gleichordnungskonzern vorgelegen habe. Doch wendete er sich gegen eine spezifisch konzernrechtliche Beurteilung. Der gebotene Gläubigerschutz könne mit den Kategorien der allgemeinen gesellschaftsrechtlichen Durchgriffslehre gewährleistet werden. Ein solcher Durchgriff auf eine Schwester sei zulässig, wenn „das Stammkapital konzernmäßig verflochtener Gesellschaften mbH in andere Konzerngesellschaften abfließt und ggf. sogar als Gewinn entnommen wird" (527). Doch kann dies nur ein Weg sein, über den zusätzlich nachzudenken ist.

durch die Gesellschafter und ferner, dass Dauerschuldverhältnisse Treuepflichten begründeten, könnten auch die Schwestergesellschaften als Adressaten einer gegenseitigen Treuepflicht angesehen werden.[59] Im faktischen Gleichordnungskonzern bestünde für jede Gesellschaft die Pflicht, auf Vermögensinteressen des Partners Rücksicht zu nehmen und Schädigungen zu unterlassen. Insbesondere seien die zwischen den Gesellschaften bestehenden Verträge einzuhalten.[60] Schließlich müssten analog § 302 Abs. 1 AktG die Verluste ausgeglichen werden, wenn die Vermögenstrennung völlig aufgehoben sei.[61]

In einer weiteren Untersuchung haben Lutter und Drygala diese Haftungskonzeption fundiert. Gleichgeordnete Konzernunternehmen unterstünden, anders als abhängige Unternehmen eines Unterordnungskonzerns, einer „mitgeprägten Kontrolle". Deshalb seien weder ein Verlustausgleich noch eine Außenhaftung geboten.[62] Etwas anderes müsse aber gelten, wenn „die Konzernleitung zu einer konkreten, wiederholten und nachhaltigen Beeinträchtigung des Eigeninteresses einer der beteiligten Gesellschaften geführt" habe.[63] Sie berufen sich hierzu auf die „Lage im aktienrechtlichen Vertragskonzern nach §§ 291 ff. AktG". Den mit den beherrschungsvertraglichen Leitungsmöglichkeiten verbundenen Gefahren werde durch globale Schutz- und Ausgleichsregeln entgegnet.[64] In einem „atypischen Gleichordnungskonzern" sei eine Verlustdeckungspflicht begründet, wenn die Nachteile nicht im Wege des Einzelausgleichs kompensiert werden könnten.[65]

Grundlage des von K. Schmidt vertretenen Haftungsmodells ist die These, dass der Gleichordnungskonzernvertrag als Unternehmensvertrag zu qualifizieren sei und auch nachteilhafte, im Interesse des Unternehmensverbunds liegende Weisungen erlaube.[66] Diese horizontale Konzernleitung ver-

---

[59] *Drygala* (Fußn. 7), S. 120.

[60] *Drygala* (Fußn. 7), S. 122.

[61] Dies könnte beispielsweise anzutreffen sein bei Verträgen, die nach ihrem Inhalt und ihrer Art oder ihrer praktischen Durchführung einer Konzernschwester (Betriebsgesellschaft) nicht die Möglichkeit geben, aus eigenen Kräften Liquidität zu bilden und damit die wirtschaftliche Existenzfähigkeit zu erhalten. Vgl. *Drygala* (Fußn. 7), S. 123 ff.

[62] *Lutter/Drygala,* ZGR 1995, 557, 569 f.

[63] *Lutter/Drygala,* ZGR 1995, 557, 570.

[64] *Lutter/Drygala,* ZGR 1995, 557, 568.

[65] *Lutter/Drygala,* ZGR 1995, 557, 570 f.; Legitimationsgrund einer Globalhaftung seien freilich nicht die gleichgeordneten Strukturen. Es handele sich vielmehr um eine reine Verhaltenshaftung. Ebenso schon *Wellkamp,* DB 1993, 2517, 2520 f., ohne freilich klarzustellen, dass dieses Haftungskonzept nur bei einer qualifizierten faktischen Gleichordnung eingreifen soll. Der Sichtweise von *Lutter* und *Drygala* nun grundsätzlich zustimmend *Krieger* (Fußn. 47), § 68 Rz. 86; *Raiser,* Recht der Kapitalgesellschaften, 3. Aufl., 2001, § 56 Rz. 13. Ablehnend *Milde* (Fußn. 47), S. 208 ff.

lange aber einen Risikoausgleich: Sofern die Unternehmen keinen horizontalen Verlustausgleich vereinbarten, wäre eine einheitliche mit Nachteilen verbundene Konzernleitung nicht legitimiert.[67] Dementsprechend müssten die Fälle beurteilt werden, in denen ein nur durch Abschluss eines Gleichordnungsvertrags legitimierbarer Zustand herbeigeführt werde. Hiervon sei beispielsweise auszugehen, „wenn gleichgeordnete Gesellschaften, bar jeder Eigenverantwortlichkeit, nur noch als Betriebsabteilungen eines Unternehmens geführt" würden.[68] Bei einer solchen qualifizierten Gleichordnung dürften die Konzernschwestern dem Risikoausgleich nicht entgehen; die Verlustrisiken seien entsprechend §§ 730 ff. BGB von den anderen Konzernunternehmen zu tragen.[69]

Im Ergebnis befürworten sowohl Lutter und Drygala als auch K. Schmidt einen konzernrechtlichen, durch eine Globalhaftung gewährleisteten Bestandsschutz gleichgeordneter Unternehmen. Die Überzeugungskraft dieser Auffassung hängt entscheidend davon ab, dass sich hierfür ein Bedürfnis feststellen lässt. Dies ist zweifelhaft. Zum einen ist noch nicht abschließend geklärt, welche Bindungen im faktischen Gleichordnungskonzern bestehen. Zum anderen erscheint eine analoge Anwendung der §§ 302, 303 AktG fragwürdig zu sein, denn das Gesetz begreift den Gleichordnungskonzernvertrag weder als Beherrschungsvertrag noch sieht es einen besonderen Schutz der Gläubiger vor.

b) Pflichten der Konzernunternehmen bei faktischer Gleichordnung

Es ist fraglich, ob die zwischen den Konzernunternehmen bestehenden Beziehungen durch besondere Loyalitätspflichten geprägt sind. Eine gesellschaftsrechtliche Treuepflicht setzt eine zumindest geringfügige mitgliedschaftliche Beteiligung voraus. Gleichgeordnete Konzernschwestern sind aber gerade voneinander unabhängig (§ 18 Abs. 2 AktG). Dies lässt Drygala zwar nicht außer Betracht. Ihm genügen aber schon die bei einer Betriebsaufspaltung typischerweise anzutreffenden schuldrechtlichen Vertragsbeziehungen zwischen Besitz- und Betriebsgesellschaft.[70] Es verbietet sich jedoch, hierin eine Sonderrechtsbeziehung zu erblicken, welche Grundlage für altruistische Pflichten sein könnte. Die in Rede stehenden Verflechtungen sind schuldvertraglicher und nicht organisationsrechtlicher Natur. Während gesellschaftsrechtliche Einflussmöglichkeiten eines Regulativs bedür-

---

66 *K. Schmidt,* ZHR 155 (1991), 417, 426 f.

67 *K. Schmidt,* ZHR 155 (1991), 417, 429 f.

68 *K. Schmidt,* ZHR 155 (1991), 417, 442.

69 *K. Schmidt,* ZHR 155 (1991), 417, 439 ff.

70 Zustimmend *Jaschinski,* Die Haftung von Schwestergesellschaften im GmbH-Unterordnungskonzern, 1997, S. 162 f.

fen,[71] kann aus schuldrechtlichen Verbindungen nur eine faktische Angewiesenheit resultieren. Eine Pflicht der Konzernunternehmen zur gegenseitigen Rücksichtsnahme lässt sich hieraus nicht ableiten.

Es ist zwar nicht ausgeschlossen, ein sanktionsbewehrtes Rücksichtsnahmegebot aus anderen Rechtsgründen herzuleiten, schließlich nehmen die geschaffenen Strukturen einen partnerschaftlichen Charakter an.[72] Die besseren Argumente sprechen aber dagegen. Entscheidend hierfür ist, dass im Gleichordnungskonzern der Schutz der Konzernunternehmen in ausreichender Weise durch deren Binnenorganisation gewährleistet wird. Anders als im Unterordnungskonzern sind die Konzernunternehmen in der Lage, ihre eigenen Interessen zu verfolgen und durchzusetzen. In der Aktiengesellschaft leitet der Vorstand die Gesellschaft unter eigener Verantwortung (§ 76 AktG). Der Geschäftsführer einer GmbH braucht „Weisungen" einer Konzernschwester nicht Folge leisten. Unternehmen in der Rechtsform einer AG bzw. GmbH können folglich, wenn zwischen ihnen keine gesellschaftsrechtlich fundierten Einwirkungskanäle bestehen, nur einheitlich geleitet werden, wenn ihre geschäftsleitenden Organe einer solchen Koordinierung zustimmen.[73] In der Regel werden sie die Leitungsentscheidungen zusammen mit den Verwaltungsorganen der anderen Konzernunternehmen treffen. Hierbei sind sie an ihre organschaftlichen Pflichten gebunden (§ 93 AktG bzw. § 43 GmbHG). Gleichgeordnete Unternehmen sind daher nicht voneinander abhängig, sondern unterstehen, worauf Lutter und Drygala zu Recht hinweisen, einer mitgeprägten Kontrolle.

Dieser Gesichtspunkt ist zu bekräftigen. Selbst wenn die Unternehmen einer einheitlichen Leitung unterstehen, besteht grundsätzlich kein Anlass für die Sorge, die Gesellschaft werde geschädigt werden. Es bedarf keines Regulativs für die Verhaltensweisen der Konzernunternehmen. Der Geschäftsführer ist verpflichtet, eine einheitliche Leitung des Unternehmens nur so weit zu ermöglichen, wie dies den Interessen der von ihm vertretenen Gesellschaft entspricht. Insoweit unterscheidet sich die horizontale von der vertikalen Leitung, die ihre Grundlage im gesellschaftsrechtlich fundierten Einfluss des herrschenden Unternehmens hat. Im Abhängigkeitsverhält-

---

71 Vgl. BGHZ 65, 15, 19; *Lutter,* AcP 180 (1980), 84, 114; *Wiedemann,* JZ 1976, 392, 393.

72 Vereinzelt wird angenommen, dass zwischen gleichgeordneten Konzernunternehmen in vielen Fällen eine Gesellschaft bürgerlichen Rechts bestünde, die entsprechende Treuepflichten begründe. Vgl. *Lutter/Drygala,* ZGR 1995, 557, 566; *Hüffer* (Fußn. 47), § 291 Rz. 35; *Milde* (Fußn. 47), S. 204 f. Doch kann allein aus dem vertraglich verfestigten Zusammenschluss noch nicht geschlossen werden, dass Treuebindungen ein Schädigungsverbot implizieren, das durch eine Schadensersatzpflicht des begünstigten Konzernunternehmens sanktioniert ist. Insoweit wie hier *Gromann* (Fußn. 46), S. 57 f.; *Jaschinski* (Fußn. 70), S. 164.

73 Vgl. *Hommelhoff* (Fußn. 48), S. 389.

nis drängt sich die Besorgnis auf, dass das herrschende Unternehmen schädigenden Einfluss nimmt und gegenüber dem geschäftsleitenden Organ durchsetzt.

Klarzustellen ist, dass aus der Erkenntnis, für besondere Pflichtenbeziehungen und Sanktionen zwischen gleichgeordneten Konzernunternehmen bestünde kein Bedürfnis, nicht geschlossen werden kann, die Konzernunternehmen dürften auch zu ihrem Nachteil geleitet werden. Ein solches Schädigungsverbot resultiert aus der Binnenorganisation eines jeden Konzerngliedes, es richtet sich aber ausschließlich an die Geschäftsleitung der Unternehmen.

c) *Qualifizierte faktische Gleichordnung*

Nach den bisher gewonnenen Ergebnissen ist bei faktischer Gleichordnung ein Einzelausgleich zwischen den Konzernunternehmen weder dogmatisch begründbar, noch ist ein Bedürfnis ersichtlich, ein solches Sanktionensystem zu entwickeln. Damit ist aber noch nicht entschieden, wie es zu beurteilen ist, wenn ein Konzernunternehmen zu Gunsten eines anderen gesteuert und dabei nachhaltig geschädigt wird.

aa) Legitimation eines durch Globalhaftung begründeten Bestandsschutzes

Ein besonderer Bestandsschutz im Gleichordnungskonzern kann erst bei einem vollständigen Funktionsverlust der organschaftlichen Verantwortlichkeiten der geschäftsleitenden Organe erforderlich sein, nämlich wenn ein Geschäftsführer eines Unternehmens eine „mitgeprägte Kontrolle“ nicht ausgeübt, sondern sich als „Befehlsempfänger“ eines von einem anderen Konzernunternehmen maßgeblich beeinflussten Leitungsorgans verstanden hat. Das Konzernunternehmen, dem das Versagen der Organisationsverfassung zuzurechnen ist, könnte in einem solchen Szenarium verpflichtet sein, die Verluste des anderen Konzernunternehmens zu übernehmen.

Es ist zwar nicht geklärt, dass Gläubiger bei Bestehen eines Gleichordnungskonzernvertrags durch eine Globalhaftung geschützt sind. Immerhin erschließt sich aus § 291 Abs. 2 AktG, dass ein solcher Vertrag kein Beherrschungsvertrag ist. Dieser Gesichtspunkt steht aber einer rechtsfortbildenden Etablierung von Schutzmechanismen nicht entgegen.

Sofern man mit K. Schmidt dem Gleichordnungsvertrag unternehmensvertraglichen Charakter beimisst, hat er in erster Linie die Funktion, eine auch mit Nachteilen für die Unternehmen verbundene Konzernleitung zu legitimieren. Dies kann nur unter der Prämisse anerkannt werden, dass der

Bestand der Gesellschaft gesichert ist. Die Sicherungsinstrumente müssen auch dann eingreifen, wenn die Konzernunternehmen faktisch in einer solchen Weise gesteuert werden.

Selbst wenn man dieser Sichtweise nicht folgte, sondern mit der h.M. davon ausgeht, vertragliche Gleichordnung erschöpfe sich, anders als die vertragliche Beherrschung, nur in der Herstellung einer solchen Verbindung, kann nicht anders entschieden werden. Den Regeln über die Unternehmensverträge liegt die Wertung zugrunde, dass eine umfassende, den Bestand der Gesellschaft gefährdende Einflussnahme gewisser Ausgleichsmechanismen bedarf. Sofern in einem Gleichordnungskonzern vergleichbare Eingriffe festzustellen sind, ist ihnen durch eine Risikogemeinschaft Rechnung zu tragen. In einem solchen Szenarium kann das Binnenausgleichssystem in Gestalt einer Schadensersatzpflichtigkeit der Verwaltungsorgane schwerlich als ausreichend angesehen werden, um den für Gläubiger auftretenden Gefahren Rechnung zu tragen.

bb) Umfang der Haftung

Der Funktionsverlust kann facettenreiche Formen annehmen. Ein horizontaler uneingeschränkter Verlustausgleich würde über das Ziel hinausschießen, wenn die Schädigung, obwohl sie einen intensiven Charakter eingenommen hat, bewertbar ist. Deutlich wird dies, wenn die Wertungen in den Blick genommen werden, die § 302 Abs. 1 AktG zugrunde liegen. Das Gesetz gewährleistet den Bestand der Gesellschaft, weil die abhängige Gesellschaft umfassend und in einer kapitalschutzrelevanten Weise geleitet werden darf.[74] Es kann nicht davon ausgegangen werden, dass nachteilige Maßnahmen, die auf explizite Weisungen oder auf in weniger verbindlicher Weise formulierte Vorstellungen des herrschenden Unternehmens zurückgehen, in einer Weise individualisiert werden können, dass die Höhe des Schadens zuverlässig zu bestimmen wäre. Der Beherrschungsvertrag erlaubt eine fast vollständige wirtschaftliche Integration der abhängigen Gesellschaft.

In gleichgeordneten Beziehungen dürfte die mitgeprägte Kontrolle im Regelfall solche Auswüchse verhindern. Doch werden Fälle verbleiben, in denen wegen eines nachhaltigen Funktionsverlust der Organisationsverfassung ein Bestandsschutz unabweisbar ist. Es fragt sich, ob in einem Gleichordnungskonzern auf die verschiedenen Ausmaße einer nachteilhaften Kon-

---

[74] Der Normzweck des § 302 Abs. 1 AktG wird von manchen Autoren in den beherrschungsvertraglichen Leitungsmöglichkeiten gesehen. Vgl. *Koppensteiner* (Fußn. 47), § 302 Rz. 4 m.w.N. Andere Stimmen stellen entscheidend darauf ab, dass der Verlustausgleich das Korrelat dafür sei, dass die Kapitalbindung aufgehoben ist. Vgl. etwa *Ulmer,* AG 1986, 123, 126.

zernleitung adäquat reagiert werden kann: auf einer ersten Stufe durch eine beschränkte (§ 302 Abs. 2 AktG), auf einer zweiten Stufe durch eine unbeschränkte Verlustdeckung (§ 302 Abs. 1 AktG). Ob ein solches Modell tragfähig ist, hängt zunächst davon ab, ob der durch § 302 Abs. 2 AktG bezweckte Schutz für die besondere Problematik im Gleichordnungskonzern fruchtbar gemacht werden kann.

(1) Wertungsgrundlagen des beschränkten Verlustausgleichs

Bei einem konzerninternen Betriebspachtvertrag hat der Pächter Verluste soweit auszugleichen, als die vereinbarte Gegenleistung das angemessene Entgelt nicht erreicht (§ 302 Abs. 2 AktG). Die Vorschrift sucht, den Bestand der Gesellschaft zu sichern, die, weil sie aus operativer Tätigkeit keinen Gewinn mehr erzielen kann, zur „Rentnerin" wird. Doch ist dieser Gesichtspunkt nicht entscheidend für die Verlustdeckungspflicht. Um die der Norm zugrunde liegenden Wertungen herauszuschälen, ist der Haftungstatbestand zu analysieren.

Eine Ausgleichspflicht kann nur begründet sein, wenn die Gesellschaft vom Pächter faktisch abhängig ist. Es besteht mithin die abstrakte Gefahr, dass das herrschende Unternehmen seinen Einfluss zum Nachteil der Gesellschaft geltend macht.[75] Ferner verlangt das Gesetz, dass der vereinbarte Pachtzins unangemessen ist. Es reagiert im Unterschied zu § 302 Abs. 1 AktG nicht darauf, dass das herrschende Unternehmen einen mit nachteiligen Folgen verbundenen Einfluss ausüben darf. Die Vorschrift knüpft an ein rechtswidriges Verhalten des anderen Vertragsteils an. Es wird unwiderleglich vermutet, dass der Vertragspartner Einfluss auf die abhängige Gesellschaft ausgeübt und das geschäftsleitende Organ sich hierauf eingelassen hat.[76] Schließlich muss der Pächter nur die bei der Gesellschaft entstandenen Verluste übernehmen, allerdings nur soweit, als vereinbarter und angemessener Pachtzins differieren. Der Gesellschaft kann daher ein Verlust verbleiben, der vom Vertragspartner nicht zu übernehmen ist.[77] Augenscheinlich geht das Gesetz davon aus, dass die Gesellschaft bei einem Überlassungsvertrag nur auf der Ebene des Entgelts geschädigt werden kann.[78] Ein vollständiger Ausgleich ist daher nicht erforderlich.

Der beschränkten Globalhaftung liegt zugrunde, dass zwischen den Vertragsparteien keine weiteren Austauschbeziehungen bestehen. Die Verluste

[75] Vgl. *Altmeppen* (Fußn. 47), § 302 Rz. 54; *Hüffer* (Fußn. 47), § 302 Rz. 23.

[76] Vgl. *Oesterreich,* Die Betriebsüberlassung zwischen Vertragskonzern und faktischem Konzern, 1979, S. 88.

[77] Vgl. *Altmeppen* (Fußn. 47), § 302 Rz. 63.

[78] Vgl. *Oesterreich* (Fußn. 76), S. 88.

der Gesellschaft sind auf eine Maßnahme zurückzuführen, die das Unternehmen im Gesamten betrifft und den Bestand der Gesellschaft gefährden kann. Aus diesen Gründen erstreckt und begrenzt sich der Existenzschutz auf den Unterschiedsbetrag zwischen vereinbartem und angemessenem Entgelt. Das Gesetz reagiert aber nur auf eine nachhaltige Schädigung der Gesellschaft. Ein Pachtvertrag mit einer nicht adäquaten Gegenleistung löst eine Haftung nur aus, wenn hierdurch ein Jahresfehlbetrag entstehen würde. Dies wird nur bei signifikanten Differenzen der Fall sein.

Festzuhalten ist, dass der Gesetzgeber in § 302 Abs. 1 und 2 auf Störungen im Organisationsgefüge differenziert reagiert hat. Ein beschränkter Verlustausgleich ist geschuldet, wenn sich ein die Existenz der Gesellschaft gefährdender schädigender Einfluss bewerten lässt. Bei einer umfassenden, nicht bewertbaren Konzernherrschaft sind sämtliche Verluste zu übernehmen.

(2) Verlustausgleich im qualifizierten faktischen Gleichordnungskonzern

Im faktischen Gleichordnungskonzern wird die Gesellschaft durch die Geschäftsführerhaftung grundsätzlich ausreichend geschützt. Einer besonderen Sicherung bedarf es nur, wenn eine „mitgeprägte Kontrolle" durch die geschäftsleitenden Organe der Konzernunternehmen nicht stattgefunden hat und die Gesellschaft dadurch nachhaltig in einer bestandsgefährdenden Weise geschädigt worden ist. Dies wird nur anzunehmen sein, wenn der wesentliche Lieferungs- und Leistungsverkehr zu nachteiligen Bedingungen erfolgte. Die Vorstellung des Gesetzgebers, die Unternehmen würden ihre eigenen Interessen verfolgen können, erweist sich dann als unzutreffend. Vielmehr ist von einem vollständigen Versagen der Binnenorganisation auszugehen. In einem solchen Szenarium, in dem sich die Auswirkungen einheitlicher Leitung in toto erfassen lassen, könnte dem Funktionsverlust der Organisationsverfassung durch eine beschränkte Globalhaftung (analog § 302 Abs. 2 AktG) der anderen Konzernschwester Rechnung getragen werden.

Zwar unterscheiden sich der hier zur Debatte stehende und der von § 302 Abs. 2 erfasste Sachverhalt. Doch sind die Interessenkonstellationen identisch. Bei Abschluss eines Unternehmensvertrags des § 292 Abs. 1 Nr. 3 stehen sich, ebenso wie in einem Gleichordnungskonzern, die Unternehmen nach der Idealvorstellung des Gesetzes als „gleiche" Vertragspartner gegenüber, doch wird die Gesellschaft durch die Verantwortlichkeiten ihrer Organe nicht hinreichend geschützt. Es kann nicht ausschlaggebend sein, dass die Konzernschwester ihr Unternehmen nicht „überlässt" i.S.v. § 292 Abs. 1 Nr. 3 AktG und, was bei einem Betriebspachtvertrag nicht der Fall ist, in der Regel unternehmerisch tätig ist. Maßgeblich ist vielmehr, dass eine Konzernschwester im qualifizierten faktischen Gleichordnungskonzern in einer bestandsvernichtenden Weise auf „das Unternehmen“ zugreift.

Ein besonderer Gläubigerschutz durch eine Globalhaftung ist folglich (erst) begründet, wenn der wesentliche Konzerngeschäftsverkehr auf der Grundlage nicht marktadäquater Bedingungen erfolgte. Dies kann zwar in größeren Unternehmungen mitunter schwer zu ermitteln sein. Doch sind die Bewertungsprobleme nicht unlösbar. Es wird nicht erforderlich sein, sämtliche Austauschgeschäfte zu würdigen. Vielmehr ist es ausreichend, wenn die wesentlichen Verträge analysiert und in einer Gesamtbetrachtung gewürdigt werden. Damit verbindet sich eine Einzelfallbetrachtung, die mühsam sein mag. Unüberwindbar sind diese Hürden aber nicht.

Ein weitergehender Schutz analog § 302 Abs. 1 AktG ist erst erforderlich, wenn auf der ersten Ebene ein Bestandsschutz nicht zu verwirklichen ist. Hiervon wird vor allem dann auszugehen sein, wenn sich die einzelnen Schädigungen nicht isolieren lassen. Dies kann beispielsweise der Fall sein, wenn die Vertragsbeziehungen so eng miteinander verknüpft sind, dass die Angemessenheit des Lieferungs- und Leistungsverkehrs nicht bestimmbar ist.[79]

cc) Zwischenergebnisse

Die hier vorgeschlagene Konzeption einer Haftung im Gleichordnungskonzern bleibt hinter dem Einzelausgleich zurück, der von Lutter und Drygala propagiert wird. Die auf der ersten Stufe eintretende Haftung erfasst den am Ende eines Geschäftsjahres entstandenen Jahresfehlbetrag, setzt aber voraus, dass ein Konzernunternehmen nachhaltig geschädigt worden ist, was im einzelnen nachgewiesen werden muss. Einzelne schädigende Maßnahmen können daher für eine Konzernschwester in haftungsrechtlicher Hinsicht folgenlos bleiben. Dies rechtfertigt sich aus den spezifischen Machtverhältnissen innerhalb eines Gleichordnungskonzerns, die sich von den Einflusspotentialen innerhalb eines Unterordnungskonzerns signifikant unterscheiden. Das zweistufige Modell erscheint mir daher gegenüber den im Schrifttum bisher vorgeschlagenen Lösungen vorzugswürdig zu sein. Um die Fruchtbarkeit des Haftungsmodells beurteilen zu können, ist nunmehr der zweite Problemkomplex in den Blick zu nehmen: Schließen sich Unterordnungs- und Gleichordnungskonzern aus?

---

[79] Exemplarisch lässt sich hierfür wiederum der Sachverhalt anführen, über den das BAG zu entscheiden hatte. Die Betriebsgesellschaft musste zwar für die überlassenen Betriebsgrundstücke keine Pacht entrichten. Dafür hatte die Betriebsgesellschaft geringere Kaufpreise für die Möbel zu akzeptieren, die sie für die Besitzgesellschaft produzierte.

4. Neuorientierung bei der Einordnung von Konzernrechtsverhältnissen

K. Schmidt hat in seinen „Vorstudien und Thesen zu einem Recht der Konzernschwestern" darauf aufmerksam gemacht, dass die herrschende Konzerntypologie der Realität der Unternehmensgruppe nicht gerecht werde. Die Gegenüberstellung von Vertrags- und faktischen Konzernen sei jedenfalls dann irreführend, wenn hierdurch der Blick verstellt würde auf die verschiedenen Konzernverhältnisse in einer Unternehmensgruppe: Nicht die Unternehmensgruppe als Ganzes, sondern die Verhältnisse zwischen den einzelnen Konzernunternehmen seien zu betrachten. Unterordnungs- und Gleichordnungskonzerne könnten nicht als unterscheidbare Unternehmensgruppen nebeneinander gestellt werden. Beurteile man die Verhältnisse einzelner Konzernmitglieder zueinander, so könne es in einer Unternehmensgruppe sowohl Unterordnungs- als auch Gleichordnungskonzerne geben. Diese Sichtweise finde eine Stütze in § 18 Abs. 2 AktG: Mehrere Unternehmen, die voneinander nicht abhängig sind, stünden untereinander *auch* dann in einem Verhältnis der Konzernzugehörigkeit, wenn sich die Konzernleitung nicht in der Hand eines herrschenden Unternehmens befindet. Zwischen beiden Unternehmen könne selbst dann ein Gleichordnungskonzern bestehen, wenn ihre Gleichordnung in der Hand eines herrschenden Unternehmens liege, denn aus § 18 Abs. 2 AktG erschließe sich lediglich, dass ein Konzernverhältnis auch dann begründet sei, wenn es kein herrschendes Unternehmen gebe.[80]

K. Schmidt ist zuzugeben, dass eine systematische Analyse des § 18 AktG den Schluss darauf zulässt, dass Unterordnungs- und Gleichordnungskonzern sich nicht ausschließen.[81] Dennoch ist seine Ansicht über die Systematik faktischer Unternehmensverbindungen im Schrifttum mehrheitlich auf Ablehnung gestoßen.[82] Es wird eingewandt, eine einheitliche Leitung sei bei einer Abhängigkeit von einem Dritten ausgeschlossen.[83] Für den Begriff der einheitlichen Leitung, so wird hinzugefügt, reiche es nicht aus, dass einzelne unternehmerische Grundfunktionen gesteuert würden.[84] Wenn ein herrschendes Unternehmen andere Unternehmen einheitlich leite,

---

[80] *K. Schmidt,* ZHR 155 (1991), 417, 421.

[81] Vgl. hierzu auch die vertiefenden Überlegungen von *Jaschinski* (Fußn. 70), S. 121 ff.

[82] A. A. *Krieger* (Fußn. 47), § 68 Rz. 83; *Milde* (Fußn. 47), S. 135 f.; *Bayer,* in: Münchener Kommentar zum AktG, 2000, § 18 Rz. 55; skeptisch *Hommelhoff,* ZGR 1994, 395, 398; *Windbichler,* in: Großkommentar zum AktG, 4. Aufl., 1999, § 18 Rz. 62; zustimmend *Jaschinski* (Fußn. 70), S. 121 ff.

[83] *Koppensteiner,* (Fußn. 41), § 18 Rz. 6; *Milde* (Fußn. 47), S. 135 f. *Bayer* (Fußn. 82), § 18 Rz. 55 meint, einheitliche *Leitung* durch die herrschende Konzernspitze und einheitliche *Leitung* des Gleichordnungskonzerns würden sich ausschließen.

[84] *Milde* (Fußn. 47), S. 135 f.

bleibe kein Raum mehr für eine einheitliche Leitung der (gleichgeordneten) Konzernunternehmen durch ein besonderes Leitungsorgan.

Die Kritik verkennt das Anliegen von K. Schmidt. Quintessenz seiner Überlegungen bildet die These, dass „Unternehmen untereinander ... in einem gleichartigen Rechtsverhältnis stehen können, wenn ihre Gleichordnung in der Hand eines herrschenden Unternehmens liegt."[85] Dieses Verständnis bildet die Grundlage für die weitere These, auf Gleichordnungsebene bestünde eine Strukturhaftung der Konzernglieder. Die im Schrifttum formulierten Einwände können folglich nur beachtlich sein, wenn der Ausgleich zwischen den Konzernunternehmen wie hier als Verhaltenshaftung und nicht, wie von K. Schmidt vertreten, als Strukturhaftung konzipiert ist.[86] Doch sind sie auch in diesem Fall stichhaltig? Ist es vorstellbar, dass zwei oder mehrere Unternehmen einheitlich geleitet und daneben durch das Mutterunternehmen einheitlich geleitet werden?

Der Begriff der einheitlichen Leitung scheint ein solches Verständnis nicht zuzulassen. Die h. M. nimmt freilich an, einheitliche Leitung liege nicht nur dann vor, wenn sämtliche unternehmerischen Angelegenheiten determiniert würden. Es reiche aus, wenn ein Entscheidungsbereich des geschäftsleitenden Organs gesteuert werde, weil sich die Einflussnahme regelmäßig auch auf die anderen Entscheidungsbereiche auswirke.[87] Legt man diese Interpretation zugrunde, verliert das zentrale von der h. M. (!) gegen ein Nebeneinander von Unterordnungs- und Gleichordnungskonzern vorgetragene Argument an Überzeugungskraft. Zugleich ist die Grundlage geschaffen für einen Blick auf die rechtstatsächlichen Verhältnisse: Entscheidend für eine Einordnung von Unternehmensverbindungen in die Kategorien des Unterordnungs- und Gleichordnungskonzerns ist, auf welchen Ebenen Leitungsstrukturen tatsächlich anzutreffen sind. Die angebliche Alternativität von Unterordnungs- und Gleichordnungskonzern löst sich auf und wird zu einer Frage der Subsumtion: Zwischen zwei Unternehmen kann ein Gleichordnungsverhältnis bestehen, und ein gleichgeordnetes Unternehmen kann gleichzeitig von einem Mutterunternehmen abhängig sein und von diesem einheitlich geleitet werden. Unterordnungs- und Gleichordnungskonzern stehen nicht unversöhnlich nebeneinander.

---

[85] *K. Schmidt,* ZHR 155 (1991), 417, 421; ferner 443.

[86] Es ist augenfällig, dass sich *K. Schmidt* mit den auf der Hand liegenden Einwänden nicht auseinander setzt.

[87] Die Vertreter des „weiten" Begriffs einheitlicher Leitung berufen sich auf betriebswirtschaftliche Erkenntnisse, die von *Albach* schon 1966 vorgetragen wurden. Exemplarisch seien genannt *Dierdorf,* Herrschaft und Abhängigkeit einer Aktiengesellschaft auf schuldvertraglicher und tatsächlicher Grundlage, 1978, S. 78 ff.; *Geßler* (Fußn. 41), § 18 Rz. 30 ff.; *Bayer* (Fußn. 82), § 18 Rz. 33, jew. m. w. N.

5. Vertikaler und horizontaler Ausgleich in der Betriebsaufspaltung

Besitz- und Betriebsgesellschaft können nach den gewonnenen Ergebnissen Unternehmen eines Unterordnungs- und eines Gleichordnungskonzerns sein. In welchem Verhältnis sie zueinander stehen, ist zwar nur in jedem Einzelfall beurteilbar. Doch ist es möglich, die typischerweise anzutreffenden Verhältnisse mit Blick darauf zu analysieren, auf welchen Ebenen ein Verlustausgleich geschuldet sein kann.

a) Einordnung der Betriebsaufspaltung als Unterordnungs- und/oder Gleichordnungskonzern

Der konzernrechtliche Unternehmensbegriff ist nach heute vorherrschender Ansicht zweckbezogen auszulegen. Als Unternehmen ist jeder Gesellschafter zu begreifen, der neben seiner Beteiligung anderweitige wirtschaftliche Interessenbindungen aufweist, die nach Art und Intensität die ernsthafte Sorge begründen, er könne wegen dieser Bindungen seinen aus der Mitgliedschaft folgenden Einfluss auf die Gesellschaft nachteilig ausüben.[88] Doch genügt hierfür die Beteiligung an der Besitzgesellschaft, deren Unternehmensgegenstand sich im Besitz des Vermögens erschöpft?

aa) Aufspaltung eines Unternehmens in eine Besitz- und Betriebsgesellschaft

Beim „Steuerberatermodell" überlässt die Besitzgesellschaft der Betriebsgesellschaft ihr Anlagevermögen zur Nutzung; meist handelt es sich um Grundstücke. Da alle unternehmerischen Aktivitäten von der Betriebsgesellschaft wahrgenommen werden, kann allein aus dem Beteiligungsbesitz des Mehrheitsgesellschafters an der Besitzgesellschaft keine signifikante Besorgnis resultieren, die Betriebsgesellschaft müsse sich deshalb eines schädigenden Einflusses durch ihren Mehrheitsgesellschafter vergegenwärtigen. Es ist nicht ertragreich, hierfür den Aspekt der Nutzungsüberlassung ins Feld zu führen. Die sicherlich nicht zu leugnende Gefahr einer Ertragsverschiebung ist ein Phänomen, das bei jedem Vertrag festzustellen ist. Der Mehrheitsgesellschafter ist daher grundsätzlich nicht als Unternehmen im konzernrechtlichen Sinne zu qualifizieren.[89] Es kann allerdings zwischen beiden Gesellschaften ein gleichgeordnetes Konzernverhältnis begründet

---

[88] Ständige Rechtsprechung seit BGHZ 69, 334, 336 ff.

[89] Eine andere Beurteilung kann beispielsweise geboten sein, wenn die aus der Nutzungsüberlassung erzielten Beträge die Funktion einnehmen sollen, seine Altersversorgung sicherzustellen.

sein. Voraussetzung hierfür ist, dass die Betriebs- und die Besitzgesellschaft einheitlich geleitet werden (§ 18 Abs. 2 AktG).

bb) Aufspaltung eines Unternehmens in eine Vertriebs- und Produktionsgesellschaft

Beim „Betriebserhaltungsmodell" stellt sich die Sachlage anders dar. Die Besitzgesellschaft verpachtet der Betriebsgesellschaft das gesamte Unternehmen. Im Schrifttum ist zu Recht darauf hingewiesen worden, in diesem Fall verfüge die Besitzgesellschaft über ein „passives Unternehmen".[90] Damit verbindet sich ein Interesse der Besitzgesellschaft (und des mehrheitlich beteiligten Gesellschafters), das Unternehmen zu gegebener Zeit wieder an sich zu ziehen. Dieses Fortführungs- und Bestandserhaltungsinteresse braucht nicht aktuell zu sein, denn die Unternehmenseigenschaft eines Gesellschafters bestimmt sich nach einer abstrakt nicht auszuschließenden Interessendivergenz.

Zudem ist zu bedenken, dass mit der vollständigen Verlagerung der unternehmerischen Risiken die potentielle Gefahr einher geht, dass die Besitzgesellschaft rechtzeitig vor Eintritt der Krise die übertragenen unternehmerischen Funktionen wieder selbst ausübt, indem sie beispielsweise die Waren mit den bisher bei der Betriebsgesellschaft beschäftigten Arbeitnehmern selbst produziert. Schließlich kann auch der Aspekt zu berücksichtigen sein, dass die Besitzgesellschaft die Waren vertreibt und Rohstoffe anschafft.

In solchen Konstellationen ist die ernsthafte Sorge begründet, der an Besitz- und Betriebsgesellschaft beteiligte Gesellschafter werde seine in der Besitzgesellschaft konzentrierten Interessen in der Betriebsgesellschaft zur Geltung bringen. Er ist daher als herrschendes Unternehmen einzuordnen (§§ 16, 17 AktG).[91] Doch ist es nicht ausgeschlossen, dass die Besitz- und die Betriebsgesellschaft im Verhältnis zueinander auch gleichgeordnete Konzernunternehmen sind. Um dies festzustellen, sind die Wege der Konzernleitung aufzuspüren und zu analysieren.

---

[90] *Ziegler* (Fußn. 32), S. 174 f.

[91] Etwas anderes könnte aber anzunehmen sein, wenn in der Satzung vorgesehen ist, dass der Besitzgesellschaft dauerhaft das Vermögen zu angemessenen Bedingungen zur Verfügung gestellt wird. Damit wäre gewährleistet, dass die Betriebsgesellschaft ihre eigenen Interessen verfolgen kann, denn sie hätte einen eigenen Anspruch auf Überlassung des Anlage- und Umlaufvermögens zu adäquaten Bedingungen.

b) Verhältnis von horizontaler und vertikaler Haftung

In einigen Fällen einer Betriebsaufspaltung ist es denkbar, dass die Besitzgesellschaft auf zweifache Weise geschützt ist. Ihr kann gegen die Besitzgesellschaft analog § 302 Abs. 2 AktG ein beschränkter bzw. analog § 302 Abs. 1 AktG ein unbeschränkter, gegen ihren Mehrheitsgesellschafter analog § 302 Abs. 1 AktG ein unbeschränkter Anspruch auf Verlustausgleich zustehen. Zwar dürfte eine solche vertikale und horizontale Konzernhaftung der Ausnahmefall sein. Doch ist es nicht ausgeschlossen, dass im Unterordnungsverhältnis objektiv rechtswidrig Konzernleitungsmacht ausgeübt wurde und die gleichgeordneten Unternehmen in einer Weise geleitet wurden, dass die Geschäftsführung der Betriebsgesellschaft nicht die Interessen der eigenen Gesellschaft verfolgt hat.

Die besseren Argumente sprechen dafür, dass vertikaler und horizontaler Verlustausgleich nebeneinander stehen.[92] Die auf vertikaler und horizontaler Ebene eingreifenden Verantwortlichkeiten sind unterschiedlichen Ursprungs. Der Mehrheitsgesellschafter könnte beispielsweise einer Konzernhaftung unterliegen, weil er der Gesellschaft systematisch, ohne dass dies im einzelnen nachvollzogen werden könnte, Vermögen entzogen hat. Die Besitzgesellschaft könnte verantwortlich sein, weil sie die Unternehmensführung der Betriebsgesellschaft „veranlasst" hat, unangemessen niedrige Pachtzinsen zu akzeptieren. Die Legitimation der konzernrechtlichen Globalhaftung ist in diesen Fällen verschieden. Wenn die Leitungsstränge so isoliert werden können, dass sich Schädigungen der Betriebsgesellschaft auf unterschiedliche Formen der Konzernleitung zurückführen lassen, sollten Gläubiger nicht darauf verwiesen werden dürfen, zunächst gegen die Besitzgesellschaft vorzugehen.

V. Zusammenfassung der Ergebnisse in Thesen

1. Die Betriebsaufspaltung stellt sich aus Sicht der Gläubiger als ein institutioneller Abzug von Haftungsmasse dar. Die Betriebsgesellschaft ist in der Mehrzahl der Fälle unterkapitalisiert. Es besteht die Gefahr, dass sie aufgrund der mit der Besitzgesellschaft geschlossenen Pachtverträge weder über Liquidität verfügt noch Gesellschaftsvermögen bilden kann. Die Betriebsgesellschaft ist daher in erhöhtem Maße insolvenzanfällig.

2. Die Überlassung von Anlagevermögen durch die Besitzgesellschaft kann den Regeln über eigenkapitalersetzende Gesellschafterleistungen unterfallen. Namentlich in den unseriösen Fällen einer Unternehmensaufspaltung dürften solche Leistungen bereits von Anfang an eigenkapitalersetzen-

---

[92] Ebenso *Jaschinski* (Fußn. 70), S. 170 ff.

den Charakter einnehmen. Nach dem Stand der höchstrichterlichen Judikatur verbinden sich mit einer solchen Gebrauchsüberlassung aber nur bescheidene Rechtsfolgen, die zu keiner signifikanten Vergrößerung der Insolvenzmasse führen. Die Regeln schaffen keinen Anreiz, die Betriebsgesellschaft „ordnungsgemäß" zu finanzieren. Dem Insolvenzverwalter sollte daher das Recht eingeräumt werden, von der Besitzgesellschaft Ersatz des Nutzungswerts zu verlangen.

3. Arbeitnehmer der Betriebsgesellschaft können wegen ihrer betriebsverfassungsrechtlichen Ansprüche (§§ 111 ff. BetrVG) und ihrer Versorgungsansprüche die Besitzgesellschaft in Haftung nehmen, wenn die Betriebsaufspaltung durch eine Aufspaltung, Abspaltung oder Ausgliederung nach UmwG erfolgte (§ 134 UmwG). Die Vorschrift ist entsprechend anzuwenden, wenn das Unternehmen auf herkömmlichem Weg durch Einzelrechtsübertragungen aufgespalten wurde.

4. Der durch konzernrechtliche Regeln gewährleistete Gläubigerschutz in der Betriebsaufspaltung wird entscheidend durch ein zutreffendes Verständnis des Verhältnisses faktischer Unternehmensverbindungen bestimmt.

a) Nach h. A. schließen sich Unterordnungs- und Gleichordnungskonzern aus. Diese Sichtweise ist schon aus systematischen Gründen nicht überzeugend. Vielmehr kann zwischen zwei Unternehmen ein Gleichordnungsverhältnis bestehen, und ein gleichgeordnetes Unternehmen kann gleichzeitig von einem Mutterunternehmen abhängig sein und von diesem einheitlich geleitet werden.

b) Das Gesetz sieht für das Verhältnis gleichgeordneter Konzernunternehmen keine besonderen Verantwortlichkeiten vor. Es vertraut zu Recht darauf, dass die unter einheitlicher Leitung stehenden Konzernunternehmen ihre Belange vertreten und durchsetzen können. Die Konzernschwestern werden in der Regel ausreichend durch ihre Binnenorganisation geschützt.

c) Eine qualifizierte faktische Gleichordnung liegt vor, wenn die Binnenorganisation eines Konzernunternehmens versagt hat und der Bestand des Unternehmens gefährdet ist. In einer solchen Konstellation ist rechtsfortbildend ein Schutz des Konzernunternehmens zu entwickeln.

aa) Ein beschränkter Verlustausgleich ist zu leisten, wenn der wesentliche Lieferungs- und Leistungsverkehr zu nachteiligen Bedingungen erfolgte. Das andere Konzernunternehmen hat die Verluste in Höhe der Differenz zwischen vereinbarten und angemessenen Entgelten zu übernehmen (Bestandsschutz auf erster Ebene).

bb) Ein weitergehender Schutz ist erforderlich, wenn auf der ersten Ebene ein Bestandsschutz nicht zu verwirklichen ist. Ein unbeschränkter Verlustausgleich analog § 302 Abs. 1 AktG ist daher erst zu leisten, wenn sich die einzelnen Schädigungen nicht isolieren lassen, insbesondere die Angemessenheit des Lieferungs- und Leistungsverkehrs nicht bestimmt werden kann (Bestandsschutz auf zweiter Ebene).

d) Die Verhältnisse in einer Betriebsaufspaltung sind typischerweise als Gleichordnungskonzern zu qualifizieren. Die Besitzgesellschaft kann der Betriebsgesellschaft analog § 302 Abs. 2 AktG bzw. analog § 302 Abs. 1 AktG haften. Beim „Betriebserhaltungsmodell" kann der Mehrheitsgesellschafter ebenfalls einer konzernrechtlichen Verantwortlichkeit unterliegen.

Bericht über die Diskussion des Referats Veil

Von Tobias Bage (Wiss. Mitarbeiter, Berlin)

Vor Beginn der Diskussion wurde vom Diskussionsleiter Theobald einleitend angemerkt, dass die Betriebsaufspaltung ein in der Praxis noch immer häufiges anzutreffendes Phänomen darstellt. Sie sei ein legitimes Gestaltungsmittel, das nicht ausschließlich der Verminderung der Haftungssubstanz diene, sondern primär aus Motiven der Steueroptimierung gewählt werde. Sei der Weg der Betriebsaufspaltung erst einmal eingeschlagen, so gebe es kaum ein Zurück, da andernfalls stille Reserven aufgelöst und versteuert werden müssten.

Das von Veil mit Blick auf die Betriebsaufspaltung entworfene konzernrechtliche Haftungsmodell wurde kontrovers diskutiert. Ein Teilnehmer bemerkte, dass er es für möglich halte, dass ein Gleichordnungskonzern gleichzeitig Merkmale eines Unterordnungskonzern aufweise. Er könne sich einen qualifiziert faktischen Gleichordnungskonzern vorstellen, in dem eine Einflussnahme zwischen zwei Schwestergesellschaften stattfinde. Das Haftungskonzept dürfe aber auch hier nicht lediglich an einen Zustand, sondern müsse am Verhalten anknüpfen. Das herkömmliche Verständnis des Gleichordnungskonzern werde dadurch allerdings erheblich modifiziert. Dies sei aber rechtssystematisch gerechtfertigt, da die Haftung nunmehr dort anknüpfte, wo Leitungsmacht ausgeübt wird, wobei auch eine Veranlassung ausreichend sein solle. Hierzu wurde kritisch die Frage gestellt, wie man sich eine Leitung zwischen Schwestergesellschaften vorzustellen habe. Es wurde der Einwand erhoben, dass die Schwestergesellschaft ihre Leitungsmacht in jedem Fall von der Obergesellschaft ableiten würde und daher der Zugriff auf die Obergesellschaft gerechtfertigt und geboten sei. Wenn man die Schwestergesellschaft nicht in eine Art „Sippenhaft" nehmen wolle, sei Leitung nur über eine horizontale Vermittlung denkbar. Dem wurde entgegnet, dass eine derartige „Sippenhaft" durch die vorgestellten Modelle gerade nicht eintrete, denn die Haftung setze dort an, wo sie entstehe, nämlich beim schädigenden Verhalten. Eine Konzernleitung sei auch sektoral, auf vertikaler Ebene denkbar. Hierbei sei es nicht zwingend, dass die Leitungsmacht auf einer Delegation der Konzernspitze beruht.

Eine lebhafte Diskussion entfachte sich an der Frage nach der Erforderlichkeit neuer Haftungsmodelle zur Ermöglichung eines vertikalen Durchgriffs auf Schwestergesellschaften. Zunächst wurde erörtert, ob man den aufgeworfenen Problemen nicht mit den bekannten Durchgriffsmodellen Herr werden könne. Der Jubilar stellte hierzu fest, dass zumindest bei der Betriebsaufspaltung ein zutreffender Anknüpfungspunkt die bekannte Fallgruppe der Sphärenvermischung sei. Insolvenzrechtspraktiker bestätigten, dass in den einschlägigen Fällen dieser Ansatz regelmäßig von ihnen ins Feld geführt werde. Ferner wurde eingewandt, dass der etablierte horizontale Haftungsdurchgriff im qualifizierten faktischen Konzern einen ausreichenden Gläubigerschutz vermittele. Eine Masselosigkeit der Obergesellschaft könne ohnehin nicht eintreten, solange sich bei den Tochtergesellschaften noch Vermögen befinde. Dem wurde entgegnet, dass sich in Konzernen heutzutage die Praxis des zentralen Cash-Managements etabliert habe. Es werde nicht zwangsläufig bei der Obergesellschaft angesiedelt, die liquiden Mittel könnten sich ebenso bei einer anderen Tochter ansiedeln. Daher gebe es ein großes Interesse am direkten Zugriff auf Schwestergesellschaften. Selbst wenn das Cash-Management bei der Obergesellschaft angesiedelt sei, werde das Geld kaum bei ihr verbleiben. Den Gläubigern bleibe dann nur der Weg, in Forderungen der Obergesellschaft gegen ihre Untergesellschaften zu pfänden. In diesem Zusammenhang wurde an den noch immer schwelenden Streit zur Haftungsverfassung der Vorgesellschaft erinnert. Auch hier stehe man vor der nämlichen Frage, ob man den Gläubigern einen direkten Zugriff auf das Vermögen der Gesellschafter eröffnet, oder ihnen zumutet in Forderungen der Gesellschaft zu pfänden.

Im weiteren Verlauf der Diskussion wandte man sich der Frage zu, ob nicht bestimmte Formen der Betriebsaufspaltung einen typischen Fall der Unterkapitalisierung darstellen könnten. Hier wurde von Wiesner an die vorangegangene Diskusssion und die „Typenhaus-Entscheidung“ des BGH erinnert. Dort verneinte das Gericht die Frage, ob eine „dolose Betriebsaufspaltung“ ein Fall der Unterkapitalisierung sei, da aus rechtstechnischen Gründen eine Unterkapitalisierung nicht positiv festgestellt werden konnte. Einigkeit erzielte man auch darüber, dass die Konzernhaftung bei der Betriebsaufspaltung nur dann Erfolg verspreche, wenn der Mehrheitsgesellschafter der Betriebsgesellschaft Unternehmen im Sinne des Konzernrechts ist. Allein die Beteiligung sowohl an Besitzgesellschaft als auch Betriebsgesellschaft begründe noch keine Unternehmensqualität des Mehrheitsgesellschafters im Sinne der § 15 ff. AktG. Veil machte darauf aufmerksam, dass für das Vorliegen des Konzerntatbestandes nicht ausschließlich die Wahrnehmung von Geschäftschancen, sondern vielmehr ein Interessenwiderstreit maßgeblich sei. Dieser lasse sich aber regelmäßig nicht feststellen, so dass in den meisten Fällen die Inanspruchnahme des Mehrheitsgesellschafters schon an der fehlenden Unternehmensqualität scheitern werde.

An die anwesenden Insolvenzrechtspraktiker wurde die Frage gerichtet, ob in der Rechtswirklichkeit versucht werde, den Mehrheitsgesellschafter in Haftung zu nehmen. Die Praxis bestätigte das Interesse am Durchgriff auf Schwestergesellschaften, merkte jedoch in diesem Zusammenhang an, dass sich die Haftungsproblematik der Betriebsaufspaltung eventuell mit einem richtig verstandenen Eigenkapitalersatzrecht lösen ließe.

Heermann wies darauf hin, dass die vorgestellten Modelle sich in einen allgemein zu beobachtenden Trend in den Sozial- und Gesellschaftswissenschaften einfügten: So werde auch in der Rechtswissenschaft eindimensionales Denken in bilateralen Kategorien zunehmend durch die Analyse multilateraler Netzwerkstrukturen ersetzt. Als ein Beleg hierfür wurde die Neuregelung des bargeldlosen Überweisungsverkehrs angeführt. Zwar traf das Beispiel nicht auf ungeteilte Zustimmung, die ausgemachte Trendwende wurde jedoch allgemein bestätigt und überwiegend begrüßt.

Der Jubilar schlug daraufhin die Brücke zurück zum eigentlichen Thema und stellte fest, dass der Netzwerkgedanke auch im Gesellschafsrecht fruchtbar gemacht werden könne. Die nach der heute herrschenden Meinung bestehenden mitgliedschaftlichen Bindungen der Gesellschafter seien ein Netzwerk unter dem Dach der juristischen Person. Der Konzern sei zwar selbst keine juristische Person, dennoch erscheine es nicht abwegig, mitgliedschaftliche Treuebindungen zwischen den einzelnen Konzerngesellschaften anzunehmen. Von anderer Seite wurde jedoch angeregt, den mitgliedschaftlichen Ansatz prinzipiell zu überdenken und eine organschaftliche Betrachtungsweise zu etablieren, weil sich so die Handlungsbezogenheit als Haftungsgrund deutlicher herausstellen ließe.

Abschließend wurde über die Problematik der Konzernverrechnungspreise diskutiert. Typischerweise spiegele sich das Problem in überhöhten Mietzinsen für Nutzungsüberlassungen wider, so dass der von Veil referierte Fall eine besondere Konstellation darstelle. Hier wurde schnell Konsens erzielt, dass sich die Frage am besten in den Griff bekomme ließe, wenn man den gesellschafts- und insbesondere steuerrechtlich typischen Drittvergleich anstellt. Eher kritisch wurde der Vorschlag aufgenommen, über das Beschlussmängelrecht und die Überschreitung von Organkompetenzen zu einer Kondizierung von rechtsgrundlos geleisteten Konzernumlagen und Verrechnungspreisen zu gelangen. Vielmehr war man sich einig, in derartigen Fällen den Kapitalerhaltungsvorschriften besonderes Augenmerk zu widmen.